EL HOMBRE QUE FUE JUEVES

G.H. Chesterton

CAPÍTULO PRIMERO

LOS DOS POETAS DE SAFRON PARK

El barrio de Saffron Park —Parque de Azafrán— se extendía al poniente de Londres, rojo y desgarrado como una nube del crepúsculo. Todo él era de un ladrillo brillante; se destacaba sobre el cielo fantásticamente, y aun su pavimento resultaba de lo más caprichoso: obra de un constructor especulativo y algo artista, que daba a aquella arquitectura unas veces el nombre de "estilo Isabel" y otras el de "estilo reina Ana", acaso por figurarse que ambas reinas eran una misma.

No sin razón se hablaba de este barrio como de una colonia artística, aunque no se sabe qué tendría precisamente de artístico. Pero si sus pretensiones de centro intelectual parecían algo infundadas, sus pretensiones de lugar agradable eran justificadísimas. El extranjero que contemplaba por vez primera aquel curioso montón de casas, no podía menos de preguntarse qué clase de gente vivía allí. Y si tenía la suerte de encontrarse con uno de los vecinos del barrio, su curiosidad no quedaba defraudada. El sitio no sólo era agradable, sino perfecto, siempre que se le considerase como un sueño, y no como una superchería. Y si sus moradores no eran "artistas", no por eso dejaba de ser artístico el conjunto. Aquel joven —los cabellos largos y castaños, la cara insolente— si no era un poeta, era ya un poema. Aquel anciano, aquel venerable charlatán de la barba blanca y enmarañada, del sombrero blanco y desgarbado, no sería un filósofo ciertamente, pero era todo un asunto de filosofía. Aquel científico sujeto —calva de cascarón de huevo, y el pescuezo muy flaco y largo— claro es que no tenía derecho a los muchos humos que gastaba: no había logrado, por ejemplo, ningún descubrimiento biológico; pero ¿qué hallazgo biológico más singular que el de su interesante persona?

Así y sólo así había que considerar aquel barrio: no taller de artistas, sino obra de arte, y obra delicada y perfecta. Entrar en aquel ambiente era como entrar en una comedia. Y sobre todo, al anochecer; cuando, acrecentado el encanto ideal, los techos extravagantes resaltaban sobre el crepúsculo, y el barrio quimérico aparecía aislado como un nube flotante. Y todavía más en las frecuentes fiestas nocturnas del lugar —iluminados los jardines, y encendidos los farolillos venecianos, que colgaban, como frutos monstruosos, en las ramas de aquellas miniaturas de árboles.

Pero nunca como cierta noche —lo recuerda todavía uno que otro vecino— en que el poeta de los cabellos castaños fue el héroe de la fiesta. Y no porque fuera aquélla la única fiesta en que nuestro poeta hacía de héroe. ¡Cuántas noches, al pasar junto a su jardincillo, se dejaba oír su voz, aguda y didáctica, dictando la ley de la vida a los hombres y singularmente a las mujeres! Por cierto, la actitud que entonces asumían las mujeres era una de las paradojas del barrio. La mayoría formaban en las filas de las "emancipadas", y hacían profesión de protestar contra el predominio del macho. Con todo, estas mujeres a la moderna pagaban a un hombre el tributo que ninguna mujer común y corriente está dispuesta a pagarle nunca: el de oírle hablar con la mayor atención.

La verdad es que valía la pena de oír hablar a Mr. Lucian Gregory —el poeta de los cabellos rojos— aun cuando sólo fuera para reírse de él. Disertaba el hombre sobre la patraña de la anarquía del arte y el arte de la anarquía, con tan impúdica jovialidad que —no siendo para mucho tiempo— tenía su encanto. Ayudábale, en cierto modo, la extravagancia de su aspecto, de que él sacaba el mayor partido para subrayar sus palabras con el ademán y el gesto. Sus cabellos rojo-oscuros —la raya en medio—, eran como de mujer, y se rizaban suavemente cual en una virgen pre-rafaelista. Pero en aquel óvalo casi santo del rostro, su fisonomía era tosca y brutal, y la barba se adelantaba en un gesto desdeñoso de "cockney", de plebe londinense; combinación atractiva y temerosa a la vez para un auditorio neurasténico; preciosa blasfemia en dos pies, donde parecían fundirse el ángel y el mono.

Si por algo hay que recordar aquella velada memorable, es por el extraño crepúsculo que la precedió. ¡El fin del mundo! Todo el cielo se reviste de un plumaje vivo y casi palpable: dijerais que está el cielo lleno de plumas, y que éstas bajan hasta cosquillearos la cara. En lo alto del domo celeste parecen grises, con tintes raros de violeta y de malva, o inverosímiles toques de rosa y verde pálido; pero hacia la parte del Oeste ¿cómo decir el gris transparente y apasionado, y los últimos plumones de llamas donde el sol se esconde como demasiado hermoso para dejarse contemplar? ¡Y el cielo tan cerca de la tierra cual en una confidencia atormentadora! ¡Y el cielo mismo hecho un secreto! Expresión de aquella espléndida pequeñez que hay siempre en el alma de los patriotismos locales, el cielo parecía pequeño.

Día memorable, para muchos, aunque sea por aquel crepúsculo turbador. Día de recordación para otros, porque entonces se presentó por vez primera el segundo poeta de Saffron Park. Por mucho tiempo el peli-taheño revolucionario había reinado sin rival; pero su no disputado imperio tuvo fin en la noche que siguió a aquel crepúsculo.

El nuevo poeta, que dijo llamarse Gabriel Syme, tenía un aire excelente y manso, una linda y puntiaguda barbita, unos amarillentos cabellos. Pero se notaba al instante que era menos manso de lo que parecía. Dio la señal de su presencia enfrentándose con el poeta establecido, con Gregory, en una disputa sobre la naturaleza de la poesía. Syme declaró ser un poeta de la legalidad, un poeta del orden, y hasta un poeta de la respetabilidad. Y los vecinos de Saffron Park lo consideraban asombrados, pensando que aquel hombre acababa de caer de aquel cielo imposible.

Y en efecto, Mr. Lucían Gregory, el poeta anárquico, descubrió una relación entre ambos fenómenos.

—Bien puede ser —exclamó en su tono lírico habitual—, bien puede ser que, en esta noche de nubes fantásticas y de colores terribles, la tierra haya dado de sí semejante monstruo: un poeta de las conveniencias. Usted asegura que es un poeta de la ley, y yo le replico que es usted una contradicción en los términos. Y sólo me choca que en noche como ésta no aparezcan cometas, ni sobrevengan terremotos para anunciarnos la llegada de usted.

El hombre de los dulces ojos azules, de la barbita descolorida, soportó el rayo con cierta solemnidad sumisa. Y el tercero en la discordia —Rosamunda, hermana de Gregory, que tenía los mismos cabellos bermejos de su hermano, aunque una fisonomía más amable — soltó aquella risa, mezcla de admiración y reproche, con que solía considerar al oráculo de la familia.

Gregory prosiguió en su tono grandilocuente:

—El artista es uno con el anarquista; son términos intercambiables. El anarquista es un artista. Artista es el que lanza una bomba, porque todo lo sacrifica a un supremo instante; para él es más un relámpago deslumbrador, el estruendo de una detonación perfecta, que los vulgares cuerpos de unos cuantos policías sin contorno definido. El artista niega todo gobierno, acaba con toda convención. Sólo el desorden place al poeta. De otra suerte, la cosa más poética del mundo sería nuestro tranvía subterráneo.

—Y así es, en efecto —replicó Mr. Syme.

—¡Qué absurdo! —exclamó Gregory, que era muy razonable cuando los demás arriesgaban una paradoja en su presencia—. Vamos a ver: ¿Por qué tienen ese aspecto de tristeza y cansancio todos los empleados, todos los obreros que toman el subterráneo? Pues porque saben que el tranvía anda bien; que no puede menos de llevarlos al sitio para el que han comprado billete; que después de Sloane Square tienen que llegar a la estación de Victoria y no a otra. Pero ¡oh rapto indescriptible, ojos fulgurantes como estrellas, almas reintegradas en las alegrías del Edén, si la próxima estación resultara ser Baker Street!

—¡Usted sí que es poco poético! —dijo a esto el poeta Syme—. Y si es verdad lo que usted nos cuenta de los viajeros del subterráneo, serán tan prosaicos como usted y su poesía. Lo raro y hermoso es tocar la meta; lo fácil y vulgar es fallar. Nos parece cosa de epopeya que el flechero alcance desde lejos a una ave con su dardo salvaje, ¿y no había de parecérnoslo que el hombre le acierte desde lejos a una estación con una máquina salvaje? El caos es imbécil, por lo mismo que allí el tren puede ir igualmente a Baker Street o a Bagdad. Pero el hombre es un verdadero mago, y toda su magia consiste en que dice el hombre: "¡sea Victoria!", y hela que aparece. Guárdese usted sus libracos en verso y prosa, y a mí déjeme llorar lágrimas de orgullo ante un horario del ferrocarril. Guárdese usted su Byron, que conmemora las derrotas del hombre, y déme a mí en cambio el Bradshaw ¿entiende usted? El horario Bradshaw, que conmemora las victorias del hombre. ¡Venga el horario!

—¿Va usted muy lejos? —preguntó Gregory sarcásticamente.

—Le aseguro a usted —continuó Syme con ardor— que cada vez que un tren llega a la estación, siento como si se hubiera abierto paso por entre baterías de asaltantes; siento que el hombre ha ganado una victoria más contra el caos. Dice usted desdeñosamente que, después de Sloane Square, tiene uno que llegar por fuerza a Victoria. Y yo le contesto que bien pudiera uno ir a parar a cualquier otra parte; y que cada vez que llego a Victoria, vuelvo en mí y lanzo un suspiro de satisfacción. El conductor grita: "¡Victoria!", y yo siento que así es verdad, y hasta me parece oír la voz del heraldo que anuncia el triunfo. Porque aquello es una victoria: la victoria de Adán.

Gregory movió la rojiza cabeza con una sonrisa amarga.

—Y en cambio —dijo— nosotros, los poetas, no cesamos de preguntarnos: "¿Y qué Victoria es ésa tan suspirada?" Usted se figura que Victoria es como la nueva Jerusalén; y nosotros creemos que la nueva Jerusalén ha de ser como Victoria. Sí: el poeta tiene que andar descontento aun por las calles del cielo; el poeta es el sublevado sempiterno.

—¡Otra! —dijo irritado Syme—. ¿Y qué hay de poético en la sublevación? Ya podía usted decir que es muy poético estar mareado. La enfermedad es una sublevación. Enfermar o sublevarse puede ser la única salida en situaciones desesperadas; pero que me cuelguen si es cosa poética. En principio, la sublevación verdaderamente subleva, y no es más que un vómito.

Ante esta palabra, la muchacha torció los labios, pero Syme estaba muy enardecido para hacer caso.

—Lo poético —dijo— es que las cosas salgan bien. Nuestra digestión, por ejemplo, que camina con una normalidad muda y sagrada: he ahí el fundamento de toda poesía. No hay duda: lo más poético, más poético que las flores y más que las estrellas, es no enfermar.

—La verdad —dijo Gregory con altivez—, el ejemplo que usted escoge...

—Perdone usted —replicó Syme con acritud—. Se me olvidaba que habíamos abolido las convenciones.

Por primera vez una nube de rubor apareció en la frente de Gregory.

—No esperará usted de mí —observó— que transforme la sociedad desde este jardín.

Syme le miró directamente a los ojos y sonrió bondadosamente.

—No por cierto —dijo—. Pero creo que eso es lo que usted haría si fuera una anarquista en serio.

Brillaron a esto los enormes ojos bovinos de Gregory, como los del león iracundo, y aun dijérase que se le erizaba la roja melena.

—¿De modo que usted se figura —dijo con descompuesta voz— que yo no soy un verdadero anarquista?

—¿Dice usted...?

—¿Que yo no soy un verdadero anarquista? —repitió Gregory apretando los puños.

—¡Vamos, hombre! —Y Syme dio algunos pasos para rehuir la disputa.

Con sorpresa, pero también con cierta complacencia, vio que Rosamunda le seguía.

—Mr. Syme —dijo ella—. La gente que habla como hablan usted y mi hermano, ¿se da cuenta realmente de lo que dice? ¿Usted pensaba realmente en lo que estaba diciendo?

Y Syme, sonriendo:

—¿Y usted?

—¿Qué quiere usted decir? —preguntó la joven poniéndose seria.

—Mi querida Miss Gregory, hay muchas maneras de sinceridad y de insinceridad. Cuando, por ejemplo, da usted las gracias al que le acerca el salero, ¿piensa usted en lo que dice? No. Cuando dice usted que el mundo es redondo ¿lo piensa usted? Tampoco. No es que deje de ser verdad, pero usted no lo está pensando. A veces, sin embargo, los hombres, como su hermano hace un instante, dicen algo en que realmente están pensando, y entonces lo que dicen puede que sea una media, un tercio, un cuarto y hasta un décimo de verdad; pero el caso es que dicen más de lo que piensan, a fuerza de pensar realmente lo que dicen.

Ella lo miraba fijamente. En su cara seria y franca había aparecido aquel sentimiento de vaga responsabilidad que anida hasta en el corazón de la mujer más frívola, aquel sentimiento maternal tan viejo como el mundo.

—Entonces —anheló— ¿es un verdadero anarquista?...

—Sólo en ese limitado sentido, o si usted prefiere: sólo en ese desatinado sentido que acabo de explicar. Ella frunció el ceño, y dijo bruscamente:

—Bueno; no llegará hasta arrojar bombas, o cosas por el estilo ¿verdad?

A esto soltó Syme una risotada que parecía excesiva para su frágil personita de dandy.

—¡No por Dios! —exclamó—. Eso sólo se hace bajo el disfraz del anónimo.

En la boca de Rosamunda se dibujó una sonrisa de satisfacción, al pensar que Gregory no era más que un loco y que, en todo caso, no había temor de que se comprometiera nunca.

Syme la condujo a un banco en el rincón del jardín, y siguió exponiendo sus opiniones con facundia. Era un hombre sincero, y, a pesar de sus gracias y aires superficiales, en el fondo era muy humilde. Y ya se sabe: los humildes siempre hablan mucho; los orgullosos se vigilan siempre de muy cerca.

Syme defendía el sentido de la respetabilidad con exageración y violencia, y elogiaba apasionadamente la corrección, la sencillez.

En el ambiente, *a su* alrededor, flotaba el aroma de las lilas. Desde la calle, llegaba hasta él la música de un organillo lejano, y él se figuraba inconsciente que sus heroicas palabras se desarrollaban a compás de un ritmo misterioso y extraterreno.

Hacía, a su parecer, algunos minutos que hablaba así, complaciéndose en contemplar los cabellos rojos de Rosamunda, cuando se levantó del banco recordando que en sitio como aquél no era conveniente que las parejas se apartasen.

Con gran sorpresa suya se encontró con que el jardín estaba solo. Todos se habían ido ya. Se despidió presurosamente pidiendo mil perdones, y se marchó.

La cabeza le pesaba como si hubiera bebido champaña, cosa que no pudo explicarse nunca. En los increíbles acontecimientos que habían de suceder a este instante, la joven no tendría la menor participación. Syme no volvió a verla hasta el desenlace final. Y sin embargo, por entre sus locas aventuras, la imagen de ella había de reaparecer de alguna manera indefinible, como un leit-motiv musical, y la gloria de su extraña cabellera leonada había de correr como un hilo rojo a través de los tenebrosos y mal urdidos tapices de su noche. Porque es tan inverosímil lo que desde entonces le sucedió, que muy bien pudo ser un sueño.

La calle, iluminada de estrellas, se extendía solitaria. A poco, Syme se dio cuenta, con inexplicable percepción, de que aquel silencio era un silencio vivo, no muerto. Brillaba frente a la puerta un farol, y a su reflejo parecían doradas las hojas de los árboles que desbordaban la reja. Junto al farol había una figura humana tan rígida como el poste mismo del farol. Negro era el sombrero de copa, negra la larga levita, y la cara resultaba negra en la sombra. Pero unos mechones rojizos que la luz hacía brillar, y algo agresivo en la actitud de aquel hombre, denunciaban al poeta Gregory. Parecía un bravo enmascarado que espera, sable en mano, la llegada de su enemigo.

Esbozó un saludo, y Syme lo contestó en toda forma.

—Estaba esperándole a usted —dijo Gregory—. ¿Podemos cambiar dos palabras?

—Con mil amores. ¿De qué se trata? —preguntó Syme algo inquieto.

Gregory dio con el bastón en el poste del farolillo, y después, señalando el árbol, dijo:

—De esto y de esto: del orden y de la anarquía. Aquí tiene usted su dichoso orden, aquí en esta miserable lámpara de hierro, fea y estéril; y mire usted en cambio la anarquía, rica, viviente, productiva, en aquel espléndido árbol de oro.

—Sin embargo —replicó Syme pacientemente—, note usted que, gracias a la luz del farol, puede usted ver ahora mismo el árbol. No estoy seguro de que pudiera usted ver el farol a la luz del árbol.

Y tras una pausa:

—Pero, permítame usted que le pregunte: ¿ha estado usted esperándome aquí con el único fin de que reanudemos la discusión?

—No —gritó Gregory, y su voz rodó por la calle—. No estoy aquí para reanudar la discusión, sino para acabar de una vez con ella.

Silencio. Syme, aunque no entendió, sospechó que la cosa iba en serio. Y Gregory comenzó a decir con una voz muy suave y una sonrisa poco tranquilizadora.

—Amigo Syme, esta noche ha logrado usted algo verdaderamente notable; ha logrado usted de mí algo que ningún hijo de mujer ha logrado nunca.

—¿Es posible?

—No; espere usted, ahora recuerdo —reflexionó Gregory—, otro lo había logrado antes: si no me engaño, el capitán de una barca de Southend. En suma: ha logrado usted irritarme.

—Crea usted que lo lamento profundamente —contestó Syme con gravedad.

—Pero temo —añadió Gregory con mucha calma— que mi furia y el daño que usted me ha hecho sean demasiado fuertes para deshacerlos con una simple excusa. Por otra parte, tampoco los borraría un duelo: ni matándole yo a usted los podría borrar. Sólo queda un medio para hacer desaparecer la mancha de la injuria, y es el que escojo. A riesgo de sacrificar mi vida y mi honor, voy a *probarle a* usted que se ha equivocado en sus afirmaciones.

—¿En mis afirmaciones?

—Sí; usted ha dicho que yo no era un anarquista en serio.

—Mire usted que en esto de la seriedad hay grados —advirtió Syme—. Yo nunca he puesto en duda la perfecta sinceridad de usted, en cuanto a que usted haya dicho lo que *a* usted le parece que se debe decir; al hablar así, sin duda exageradamente, consideraba usted que una paradoja puede despertar en los hombres la curiosidad por una verdad olvidada.

Gregory lo observaba fijamente, penosamente.

—Y en otro sentido ¿no me cree usted sincero? —preguntó—. ¿Me toma usted por un vagabundo del pensamiento que deja caer una que otra verdad casual? Entonces no me cree usted serio en un sentido más profundo, más fatal...

Syme exclamó, pegando en el suelo con su bastón:

—¡Serio, Dios mío! ¿Es seria esta calle? ¿Son serios los farolillos venecianos del jardín, y toda esta faramalla? Viene uno aquí, dice uno dos o tres majaderías y tal vez dos o tres aciertos... Pero, francamente, me merecería muy pobre opinión un hombre que no tuviera, en el fondo de su ser, alguna cosa más seria que toda esta charlatanería que dice uno: así sea la preocupación religiosa, o siquiera la afición al vino.

—¡Muy bien dicho! —exclamó Gregory, y su rostro se ensombreció—. Ahora va usted a ver algo más serio que el vino y que la religión. .

Syme esperaba, con su bondadoso aire habitual. Gregory desplegó los labios de nuevo.

—Acaba usted de hablar de religión. ¿Es usted religioso?

—¡Hombre! —dijo Syme sonriendo—. En estos tiempos todos somos católicos.

—Bien. ¿Puedo pedirle a usted que jure por todos los dioses y todos los santos de su creencia, que no revelará usted lo que ahora voy a comunicarle a, ningún hijo de Adán, y, sobre todo, a ningún policía? ¿Lo jura usted? Si acepta usted este solemne compromiso, si usted acepta cargar su alma con el peso de un juramento que más le valiera no pronunciar, y con el conocimiento de cosas en que usted no ha soñado siquiera, entonces yo le prometo en cambio...

—¿Qué me promete usted? apretó Syme, viendo que el otro vacilaba.

—Le prometo a usted una noche muy divertida.

Syme se descubrió al instante, y dijo:

—Ofrecimiento excelente para que pudiera yo rehusarlo. Usted afirma que un poeta es necesariamente un anarquista, y yo difiero de su opinión; pero confío al menos en que el poeta es siempre un hombre de mundo y gran compañía para una noche. Aquí mismo le juro a usted como cristiano, y ofrezco como buen camarada y compañero, que no contaré nada a la policía, sea lo que fuere. Y ahora, en nombre del manicomio de Colney Hatch, dígame usted de qué se trata.

—Creo que lo mejor es tomar un coche —contestó Gregory con plácido disimulo.

Dio dos grandes silbidos y no tardó en aparecer un coche, sonando sobre el empedrado. Subieron. Gregory dio al cochero la dirección de una oscura taberna que hay junto al río, a la parte de Chiswick.

Partió el coche, y en él nuestros dos fantásticos sujetos se alejaban de su fantástico barrio.

CAPÍTULO II

EL SECRETO DE GABRIEL SYME

Paró el coche frente a un bar de aspecto miserable, y Gregory invitó a entrar a su compañero. Sentáronse en una especie de trastienda estrecha y oscura, ante una pobre mesa que tenía una sola pata en el centro. El cuarto era tan pequeño, tan sombrío, que apenas se podía distinguir al camarero, en la vaga sensación de bulto barbado que producía su presencia.

—¿Quiere usted que le sirvan algo? —preguntó Gregory cortésmente—. El *pâté de foiegras* que dan aquí no es bueno, pero le recomiendo la liebre.

Syme creyó que era una broma, y, aceptándola con una naturalidad de buen gusto, contestó:

—Prefiero que me traigan una langosta a la mayonesa. Con gran asombro, oyó que el camarero le contestaba:

—Muy bien, señor.

Y sintió que se alejaba para cumplir sus órdenes.

—¿Qué quiere usted beber? —añadió Gregory con el mismo tono—. Yo voy a pedir *crême de menthe:* he cenado ya. Me va usted a permitir que le obsequie con una media botella de Pommery: ya verá usted.

—Gracias; es usted muy amable —dijo Syme impasible.

Pero sus intentos, algo torpes, para reanudar la conversación, quedaron cortados como por un rayo, ante la llegada de la langosta. Probóla Syme, la encontró muy buena, y se puso a comer de prisa y con apetito.

—Perdóneme si no disimulo mi placer —le decía sonriendo a Gregory—. No todas las noches tiene uno sueños tan agradables. Esto de que una pesadilla acabe en langosta es, para mí, de una novedad encantadora. Lo que muchas veces me ha sucedido es lo contrario.

—No está usted soñando, se lo aseguro. Antes está usted próximo al momento más real y conmovedor de su vida... Pero aquí está el champaña, verá usted. Confieso que hay alguna desproporción entre las interioridades de este excelente hotel y su aspecto exterior tan sencillo y humilde. Es que somos muy modestos... Sí, nosotros somos los hombres más modestos que ha habido en el mundo.

—¿Y quiénes son *nosotros?* —preguntó Syme apurando la copa de champaña.

—¡Casi nadie! —repuso Gregory—. *Nosotros* somos los anarquistas serios en que usted no cree.

—¡Ah! —dijo Syme—. Tienen ustedes muy buenos vinos. Hubo una pausa. Y después habló Gregory:

—Si nota usted dentro de un momento que la mesa empieza a girar, no culpe usted a su champaña, que sería una injusticia.

—La verdad es —dijo Syme con una calma perfecta— que, si no estoy ebrio, estoy loco; pero creo que en todo caso me conduciré como debo. ¿Se puede fumar?

—¡Sí, hombre! —Y, sacando su cigarrera—. Pruebe usted de los míos.

Escogió Syme un cigarro, sacó del chaleco un cortacigarros, cortó el cabo, llevó el cigarro a la boca, lo encendió con toda lentitud, y después echó una bocanada de humo. Y no le abonaba poco el ser capaz de ejecutar todos estos ritos con tal compostura, porque, apenas había comenzado, cuando ya la mesa estaba girando frente a ellos, al principio de modo casi imperceptible, y después con rapidez, como en una sesión de espiritismo.

—No haga usted caso —explicó Gregory—. Es una especie de sacacorchos.

—Es verdad —dijo Syme plácidamente—, una especie de sacacorchos: ¡Qué sencillo!

Y un instante después, el humo del tabaco, que hasta entonces había flotado dibujando serpentines en el aire de la estancia, subió recto como por el tubo de una fábrica; y los dos, con su mesa y su silla, se hundieron como si se los tragara la tierra. Fueron descendiendo entre rechinidos a través de una chimenea rugiente, con la rigidez de una caída. De pronto pararon de golpe. Y cuando Gregory abrió dos puertas, y llegó hasta ellos una roja luz subterránea, vio que Syme continuaba fumando tranquilamente, cruzada la pierna, y ni siquiera un cabello trastornado.

Gregory lo condujo a través de un túnel bajo y abovedado, en cuyo término se veía la luz roja. Era una enorme linterna escarlata, grande como boca de horno, que colgaba de una puerta de hierro pesada y pequeña. En la puerta había una mirilla enrejada. Gregory dio cinco golpes. Una voz robusta y de marcado acento extranjero le preguntó quién era. La respuesta fue inesperada:

—Soy Mr. Joseph Chamberlain.

El nombre era tal vez un santo y seña. Rechinaron los goznes y la puerta comenzó a abrirse.

Adentro, el túnel resplandecía como si estuviera blindado. Examinándolo mejor, Syme pudo advertir que el muro resplandeciente estaba formado de pistolas y fusiles ordenados y entrelazados en hileras inacabables.

—Perdone usted tantas formalidades —dijo Gregory—. Ya comprenderá usted que aquí necesitamos andar con mucho cuidado.

—No se disculpe usted —dijo Syme—. Ya conozco el amor que tienen ustedes al orden y a la ley.

Y se adelantó por el túnel recubierto de armas de acero. Con sus largos cabellos rubios y su presuntuosa levita, su silueta frágil y fantástica se deslizaba por la deslumbrante avenida de la muerte.

Pasaron varios galerías semejantes, y al fin llegaron a una estancia, casi esférica, de muros de acero combado, a la que daban cierto aire dé anfiteatro científico varias filas de bancos. Aquí no había fusiles ni pistolas, pero, a lo largo de los muros, colgaban unos objetos de aspecto todavía más extraño y temeroso: bulbos de plantas metálicas o huevos de pájaros de hierro. ¡Eran bombas! Y el cuarto mismo parecía una bomba vista por dentro.

Syme le quitó la ceniza al cigarro, dando en el muro, y entró.

—Y ahora, querido Mr. Syme —dijo Gregory dejándose caer con expansión en el banco que estaba debajo de la bomba más grande—, ahora que estamos en sitio cómodo, hay que

hablar claro. No hay palabras para descubrir el impulso que me ha hecho arrastrarle a usted hasta aquí: fue una de esas emociones arbitrarias, como la que impele a saltar de una roca o a enamorarse. Baste decir que era usted, y hagámosle la justicia de confesar que todavía lo es usted, una persona de lo más irritante. Quebrantaría yo veinte juramentos, con tal de darle a usted en la cabeza. Ese modo que tiene usted de encender el cigarro, por ejemplo, basta para hacer que un sacerdote quebrante el secreto de la confesión. Pero vamos al punto: usted decía que estaba seguro de que yo no era un anarquista en serio. ¿Le parece a usted serio el lugar en que estamos?

—Efectivamente —asintió Syme— parece que esconde alguna moralidad seria bajo sus apariencias alegres. Pero quiero preguntarle a usted dos cosas; no vacile usted en contestarme: recuerde usted que me exhortó muy cautamente a prometerle que no diría nada a la policía, y que estoy dispuesto a mantener mi promesa. Mis preguntas sólo obedecen a la curiosidad. En primer lugar ¿qué significa todo esto? ¿qué se proponen ustedes? ¿quieren ustedes abolir los gobiernos?

—¡Queremos abolir a Dios! —declaró Gregory abriendo los ojos con fanatismo—. No nos basta aniquilar algunos déspotas y uno que otro reglamento de policía. Hay una clase de anarquismo que sólo eso pretende; pero no es más que una rama del no-conformismo. Nosotros minamos más hondo, y os haremos volar más alto. Queremos abolir esas distinciones arbitrarias entre el vicio y la virtud, el honor y el deshonor en que se fundan los simples rebeldes. Los estúpidos sentimentales de la Revolución Francesa hablaban de los derechos del Hombre. Pero nosotros odiamos tanto los derechos como los tuertos, y a unos y a otros los abolimos.

—¿Y el lado derecho y el lado izquierdo? —dijo Syme con sincera simplicidad—. Creo que también los abolirán ustedes. Son mucho más molestos, para mí al menos.

—Me anunció usted una segunda pregunta —cortó Gregory secamente.

—A ella voy con el mayor gusto. En todos sus actos y sus cosas advierto en ustedes un intento metódico de rodearse de misterio. Yo tuve una tía que vivía sobre un almacén, pero ésta es la primera vez que veo gente que prefiere vivir debajo de un establecimiento público. Tienen ustedes unas pesadísimas puertas de hierro, por las cuales no se puede pasar sin someterse a la humillación de llamarse Mr. Chamberlain. Se rodean ustedes de instrumentos de acero, que hacen de esta morada, para decirlo todo, algo más imponente "que hospitalario. Y yo pregunto ahora ¿por qué, tras de tomarse tantos trabajos para esconderse en las entrañas de la tierra, anda usted esparciendo sus secretos y hablando de anarquismo a todos los marimachos de Saffron Park?

Gregory sonrió y dijo:

—Muy sencillo: yo le dije a usted que yo era un verdadero anarquista, y usted no lo creyó. Tampoco lo creen los demás. No lo creerán mientras no los conduzca yo a esta cámara infernal.

Syme fumaba, pensativo, y lo contemplaba con interés. Gregory prosiguió:

—Óigame usted. Voy a contarle algo que le divertirá. Cuando me hice neo-anarquista, intenté todos los disfraces respetables: por ejemplo, me vestía yo de obispo. Leí todo lo que dicen nuestras publicaciones anarquistas sobre los obispos, desde El *Vampiro de la Superstición* hasta *Sacerdotes de Presa*. De aquí saqué la noción de que los obispos son unos seres extraños y terribles que ocultan a la humanidad unos crueles secretos. Pero yo me engañaba. La primera vez que pisé un salón con mis botas episcopales y exclamé con voz de trueno: "¡Humíllate, humíllate, oh presuntuosa razón humana!" todos adivinaron no sé cómo, que yo no tenía nada de obispo, y fui atrapado. Entonces me disfracé de millonario, pero me puse a defender el capital con tanto talento, que todos se dieron cuenta de que yo era un pobre diablo. Intenté el disfraz de comandante. Yo soy humanitario, pero tengo bastante capacidad mental para entender la posición de los que, con Nietzsche, admiran la violencia, el orgullo, la guerra feroz de la naturaleza, y todo eso que usted ya sabe. Me convertí, pues, en comandante. Y todo el día desenvainaba la espada y gritaba: "¡Sangre!" como quien pide vino. Repetía yo frecuentemente: "¡Perezcan los débiles: es la Ley!" Pero parece que los comandantes no hacen nada de eso. Y, claro, me cogieron otra vez. Entonces, desesperado, acudí al presidente del Consejo Central Anarquista, que es el hombre más notable de Europa.

—¿Cómo se llama? —dijo Syme.

—Inútil; no lo conoce usted. En esto consiste su grandeza. César y Napoleón agotaron su genio para que se hablara de ellos, y lo han logrado. Pero éste aplica su genio a que no se hable de él, y también lo ha conseguido. Pero no puede usted estar a su lado cinco minutos sin sentir que César y Napoleón son unos niños comparados con él.

Calló un instante. Estaba pálido. Continuó:

—Sus consejos, con toda la sal de un epigrama, son a la vez tan prácticos como el Banco de Inglaterra. Le pregunté: "¿Qué disfraz debo adoptar? ¿Dónde encontrar personajes más respetables que los obispos y los comandantes?" Él me miró con su cara enorme, indescifrable. "¿Quieres un disfraz seguro? ¿Un traje que te haga aparecer como inofensivo? ¿Un traje en el que nadie pueda adivinar que llevas escondida una bomba?" Asentí. Entonces, exaltando su voz de león: "¡Pues disfrázate de anarquista, torpe!", rugió haciendo retemblar la estancia. "Y no habrá quien tenga miedo de ti". Y sin decirme nada, me volvió la espalda corpulenta. Seguí su consejo, y nunca tuve que arrepentirme. Y he predicado día y noche sangre y matanzas a esas pobres mujeres, y bien sabe Dios que me confiarían los cochecitos en que sacan a paseo a sus nenes.

Con sus grandes ojos azules, Syme lo consideraba ahora de un modo respetuoso.

—En verdad —dijo—, es una buena trampa. Ya ve usted que yo caí en ella—. Y poco después: ¿Cómo llaman ustedes a su tremebundo presidente?

—Le llamamos Domingo —contestó Gregory—. Vea usted: el Consejo Central Anarquista consta de siete miembros, y cada uno recibe el nombre de un día de la semana. Al jefe le llamamos Domingo, y algunos de sus admiradores le llaman también Domingo de Sangre, como quien dice "Domingo de Ramos". Y es curioso que me hable usted de eso, porque se da la coincidencia de que esta misma noche que usted, por decirlo así, nos ha caído del cielo, la sección de Londres, que se reúne en esta sala, debe elegir su diputado para llenar una vacante del Consejo. Ha muerto súbitamente el que desempeñó, por algún tiempo, con aplauso general, las funciones de Jueves, y hemos convocado un mitin para esta noche, con el fin de nombrarle sucesor.

Se levantó y se puso a pasear por la estancia con una sonrisa de inquietud; después prosiguió, como al acaso:

—Syme: siento como si fuera usted mi madre. Siento que puedo confiarme a usted, puesto que usted me ha prometido callar. Quiero decirle a usted una cosa que no lo diría yo a los anarquistas que estarán aquí dentro de diez minutos. Ya sabe usted que vamos a hacer una elección, en cuanto a la forma al menos; pero inútil añadir que el resultado está ya previsto.

Y bajando modestamente los ojos:

—Es casi seguro que yo voy a ser el Jueves.

—¡Mi querido amigo! —exclamó Syme efusivamente—. ¡Mi enhorabuena más cordial! ¡Qué brillante carrera!

Gregory declinó las cortesías con una sonrisa. Atravesando a grandes pasos la estancia, dijo con precipitación:

—Mire usted: todo está preparado para mí en esta mesa, y la ceremonia será brevísima.

Acercóse Syme a la mesa, y vio una bastón de verduguillo, un gran revólver Colt, una lata de sandwich y una formidable botella de Brandy. Sobre la silla próxima había una capa.

—No tengo más que esperar el fin del escrutinio —continuó Gregory animándose—, y entonces me cuelgo la capa, empuño la estaca, me guardo todo lo demás en los bolsillos, y salgo de esta catacumba por una puerta que da sobre el río. Allí estará una lanchita de vapor esperándome, y después... después... ¡Oh loca alegría de sentirse Jueves!

Y palmeteaba de entusiasmo.

Syme, que se había sentado, reasumiendo su insolente languidez habitual, se levantó con cierta inquietud.

—¿Por qué será —preguntó después con tono divagador—, por qué será, Gregory; que me parece usted un excelente muchacho? ¿Por qué sentiré tanta simpatía por usted?

Una pausa, y luego, con ingenua curiosidad:

—¿Será porque es usted un formidable asno?

Enmudeció, pensativo. Y a poco:

—¡Demonio! —exclamó—. En mi vida me he visto en una situación más absurda, y no hay más remedio que afrontarla con recursos adecuados. Oiga usted, Gregory: yo le he hecho a usted una promesa antes de entrar aquí, y estoy dispuesto a mantenerla aun bajo el tormento de las tenazas al rojo blanco. ¿Quiere usted, para mi propia seguridad, hacerme la misma promesa?

—¿Una promesa? —preguntó Gregory asombrado.

—Sí, hombre, una promesa —dijo Syme muy serio—. Yo juré por Dios no revelar sus secretos a la policía. ¿Quiere usted jurarme, en nombre de la Humanidad, o en nombre de cualquier necedad en que usted crea, que usted no revelará mi secreto a los anarquistas?

—¿El secreto de usted? —dijo Gregory cada vez más asombrado—. Pero ¿usted tiene un secreto?

—Sí, tengo un secreto. ¿Quiere usted jurar, sí o no? Gregory lo contempló gravemente, y luego exclamó:

—Yo creo que usted me ha embrujado. ¡Qué manera irresistible de excitar mi curiosidad! Y bien, sí: juro a usted no decir a los anarquistas una palabra de lo que usted me confíe. Pero ¡andando! Porque ellos estarán aquí antes de dos minutos.

Syme, que se había vuelto a sentar, se levantó lentamente, hundió sus largas manos blancas en los bolsillos del pantalón. Al mismo tiempo, cinco golpes en la mirilla de la puerta anunciaron la llegada del primer conspirador.

—Bien —dijo Syme conservando su parsimonia—. Se lo diré a usted todo en pocas palabras: sepa usted que su recurso de disfrazarse de poeta anarquista no es exclusivo de usted o de su Presidente. También lo conocemos y practicamos desde hace algún tiempo en Scotland Yard, en el Palacio de la Policía.

Tres veces quiso saltar Gregory, y tres veces desfalleció.

—¿Qué dice usted? —preguntó con una voz que no era humana.

—Lo que usted ha oído —repuso Syme—. Que soy un policía, un detective. Pero chitón que sus compañeros se acercan.

Por la galería llegaba un vago murmullo de "Mr. Joseph Chamberlain, Mr. Joseph Chamberlain", dos, tres, treinta veces repetido. A lo largo del corredor subterráneo, se dejaban ya oír los pasos, cada vez más próximos —¡oh solemne imagen!—, de aquella multitud de Joseph Chamberlains.

CAPÍTULO III

EL HOMBRE QUE FUE JUEVES

Antes de que penetrase en la estancia ninguno de los recién llegados, Gregory se había repuesto de su sorpresa. De un salto, y con un rugido de fiera, se acercó a la mesa, cogió el revólver y apuntó a Syme.

Syme, sin conmoverse, levantó su mano pálida y elegante.

—No sea usted ridículo, Gregory —dijo con una dignidad afeminada de eclesiástico—. ¿No ve usted que es inútil? ¿No ve usted que nos hemos embarcado juntos y juntos hemos de aguantar el mareo?

Nada pudo responderle Gregory, pero tampoco acertó a disparar; sólo interrogaba con los ojos.

—¿No ve usted que los dos estamos en jaque? —continuó Syme—. Yo no puedo decir a la policía que usted es anarquista, y usted no puede decir a los anarquistas que yo soy policía. Lo único que puedo hacer, ya conociéndolo, es vigilarlo. Y usted, conociéndome, tampoco puede hacer conmigo otra cosa. Aquí se trata de un duelo intelectual y singular: mi cabeza contra la de usted. Yo soy un policía desprovisto del auxilio de la policía, y usted, pobre amigo mío, un anarquista desprovisto de toda esa complicada organización tan esencial para la buena marcha de la anarquía. Aquí, si alguno lleva ventaja, es usted: a usted no le rodea la mirada inquisitiva de los guardias, y yo voy a estar rodeado de la desconfiada muchedumbre anarquista. No puedo traicionarlo a usted, pero puedo traicionarme a mí mismo al menor descuido. Paciencia, pues: espere usted a ver cómo me traiciono. Ya verá usted qué bien lo hago.

Gregory dejó la pistola, y miraba con asombrados ojos a Syme, como si fuera un monstruo marino.

—No creo en la inmortalidad —dijo al fin—. Pero si, después de todo esto, falta usted a su palabra, creo que Dios haría un infierno para usted solo, para hacerle aullar eternamente.

—¡Oh! —dijo Syme, orgulloso— yo no falto nunca a mi palabra. Haga usted como yo. Aquí están sus amigotes.

La multitud de anarquistas entró en el cuarto pesadamente, con aire fatigoso. Un hombrecillo de gafas y barbilla negra, que llevaba unos papeles en la mano —un tipo parecido a Mr. Tim Healy— se desprendió del grupo, y acercándose, dijo:

—Camarada Gregory, supongo que este señor es un delegado foráneo.

Cogido de repente, Gregory bajó los ojos y balbuceó el nombre de Syme, pero Syme, con un tono casi impertinente, respondió:

—Me complazco en reconocer que esta puerta está lo bastante bien custodiada, para que sea imposible a un extraño entrar hasta aquí, si no es delegado foráneo.

Pero el hombrecillo arrugaba el entrecejo con cierta desconfianza.

—¿Qué sección representa usted? —preguntó—. ¿Qué rama?

—¡Hombre! Tanto como rama... —dijo Syme riendo—. Más bien la llamaría yo raíz.

—¿Qué quiere usted decir con eso?

—Quiero decir —contestó Syme parsimoniosamente— que soy un sabatino, y qué he sido enviado aquí especialmente para ver si se guarda el debido respeto al Domingo.

El hombrecillo soltó uno de los papeles que traía. Un estremecimiento de espanto recorrió la asistencia. Por lo visto, el temible Presidente que respondía al nombre de Domingo tenía la costumbre de enviar a estas justas algunos embajadores irregulares.

—Muy bien camarada —dijo el de los papeles—. Creo que debemos darle a usted sitio en nuestra sesión.

—Si me lo pregunta usted como amigo —dijo Syme con severidad—, creo que eso es lo mejor.

Cuando vio terminado el peligrosísimo diálogo con la inesperada salida de su rival, Gregory se puso a pasear la estancia, pensativo.

Presa de todas las agonías diplomáticas, se daba cuenta de que Syme saldría airoso de cualquier trance, gracias a su inteligencia y su audacia. Nada había, pues, que esperar por este lado. Él, personalmente, tampoco podía traicionarlo, ante todo por el punto de honor; pero, además, porque si Syme, traicionado, lograba escapar, quedaría libre de su juramento y se encaminaría al próximo cuartel de gendarmes. Y después de todo ¿qué más daba que un solo policía presenciara una sola de sus reuniones nocturnas? A lo sumo, podría sorprender una parte pequeñísima de sus planes. Después de lo cual se largaría, y asunto concluido.

Pasó por entre los grupos que estaban discutiendo acaloradamente en los bancos, y dijo:

—Creo que es tiempo de comenzar. La lancha estará ya dispuesta en el río. Propongo que el camarada Buttons ocupe la presidencia.

Todos aprobaron alzando la mano, y el hombrecito de los papeles se hundió en el sillón presidencial. Con voz que parecía un pistoletazo, comenzó a hablar:

—¡Camaradas! Este mitin es de gran importancia, aunque conviene que no sea largo. A nuestra sección le ha correspondido siempre el honor de elegir Jueves para el Consejo Central Europeo. Hemos elegido ya muchos Jueves, famosos en nuestros fastos. Lamentamos todos la triste muerte del heroico obrero que ocupó este sitio hasta hace unos cuantos días. Ya sabéis cuán importantes han sido sus servicios para la causa. Fue él quien organizó el gran golpe dinamitero de Brighton que, a haber ayudado las circunstancias habría hecho perecer a cuantos se encontraban en el muelle. Sabéis asimismo que su muerte fue tan altruista como su vida, pues murió mártir de la fe que tenía en una mezcla higiénica de la cal y del agua, como sustitutivo de la leche, bebida que consideraba como propia de bárbaros, por la crueldad que supone para con las vacas. La crueldad y cuanto de cerca o de lejos se le pareciera, lo ponían fuera de sí... Pero no nos hemos reunido para hacer el elogio de sus virtudes, sino para más difícil tarea. Si difícil es elogiarlo como él se merece, más difícil es reemplazarlo, A vosotros camaradas, toca el elegir esta noche, de entre el concurso de los presentes, el que ha de ser Jueves. Pondré a voto las candidaturas que salgan. Si nadie propone candidatura, entonces no me quedará más remedio que decir que aquel querido dinamitero se llevó consigo a la tumba todos los secretos de la virtud y de la inocencia. A esto sucedió un movimiento de aprobación, discreto y unos imperceptibles aplausos, como a veces se oyen en las iglesias. Después, un anciano de larga y venerable barba, que tal vez era el único obrero positivo entre toda aquella gente, se levantó trabajosamente y dijo:

—Propongo para Jueves al camarada Gregory.

—¿Hay quien secunde esta candidatura? —interrogó el presidente.

Otro, pequeñín, barbado, de cazadora aterciopelada, se adhirió al instante.

—Antes de abrir la votación —dijo el presidente— invito al camarada Gregory a que exponga su profesión de fe a la asamblea.

Gregory se levantó entre una ola de aplausos. Mortalmente pálido, sus cabellos, por contraste, parecían de viva escarlata. Pero sonreía y estaba seguro de sí mismo. Ya había tomado su partido, y la línea que había de seguir se extendía ante sus ojos como una carretera blanca. Lo mejor era hacer un discurso suave y ambiguo, a fin de convencer al policía presente de que la fraternidad anarquista era, después de todo, una bobería sin peligro. Confiaba para esto en sus dotes literarias, su capacidad para sugerir finos matices y caer sobre las palabras insustituibles. Dándose maña, y sin perder su fuerza ante el auditorio, podría provocar en la mente de su rival una representación del anarquismo sutil y delicadamente falsa.

¿No había dicho Syme que los anarquistas, bajo su disfraz de matones, se pasaban la vida haciendo el tonto? ¿No sería fácil, a la hora del peligro, hacerle volver otra vez a su primera noción?

—Camaradas —comenzó, pues, con voz moderada y penetrante—. Inútil deciros cuál es mi conducta, porque es asimismo la vuestra. Nuestro credo ha sido calumniado, desfigurado, muy confundido y también muy disimulado, pero nadie ha logrado por eso alterarlo en nada. Los que hablan del anarquismo y sus peligros, sacan sus informaciones de todas partes, menos de aquí, menos de la fuente. En los novelones de a seis peniques aprenden todo lo que saben del anarquismo, o bien en los periódicos de los tenderos: en el *Ally Sloper's Half-Holiday,* en el *Sporting Times.* Nunca acuden a los anarquistas. Y así, no tenemos nunca ocasión de destruir esa montaña de calumnias que pesa sobre nuestras cabezas de uno a otro término de Europa. El que oye decir que somos una plaga viviente, no oye en cambio nuestra respuesta. Y esta misma noche, en que quisiera mi pasión que mi voz atravesara ese techo, tampoco nos darán oídos. Porque sólo en las profundidades y bajo la tierra pueden reunirse los perseguidos, como en las Catacumbas los antiguos cristianos. Pero si, por algún caso extraordinario, estuviera aquí presente uno de esos hombres que nos desconocen hasta el extremo, entonces yo le preguntaría: ¿Qué reputación moral tenían los cristianos de las Catacumbas? ¿Qué atrocidades no se contaban sobre sus crueldades entre los romanos de las clases más educadas? ¡Pues figuraos ahora —le diría yo—, figuraos que estamos puntualmente repitiendo esa paradoja de la historia! ¡Se nos persigue como a los cristianos, porque somos tan inofensivos como ellos; y si como a ellos se nos toma por locos furiosos, es que somos, en el fondo, tan mansos como ellos!

Los aplausos que habían saludado el preámbulo fueron apagándose gradualmente, y pararon de súbito al llegar a la última frase. En aquel incómodo silencio, el de la cazadora chilló:

—¡Yo no soy manso!

—Nos asegura el camarada Witherspoon —prosiguió Gregory— que él no es manso. ¡Ah, señores, y cuan difícil es conocerse! Verdad es que habla de un modo extravagante, que tiene un aspecto feroz y, para un gusto ordinario, poco atractivo. Pero el ojo experto de un amigo, como yo lo soy de él, puede adivinar la profunda mansedumbre de su corazón, demasiado profunda hasta para que él la perciba. Repito que somos los primeros cristianos, aunque hemos llegado muy tarde. Como ellos, somos simples: ved, si no, al camarada Witherspoon; como ellos, modestos: vedme a mí. También somos misericordiosos ...

—¡No! ¡No! —aulló Mr. Witherspoon desde su cazadora aterciopelada.

He dicho que somos misericordiosos —repitió Gregory furibundo— como los cristianos lo fueron. Lo cual no impidió que se les acusara de comer carne humana....

—¡Oh vergüenza! —interrumpe Witherspoon—. ¿Y por qué no habíamos de comer carne humana?

—El camarada Witherspoon —dijo Gregory con sonrisa febril —se pregunta ansiosamente que por qué no se lo como á él nadie (risas). Por lo menos aquí, en el seno de nuestra sociedad, que lo estima sinceramente, que está fundada en el mutuo amor...

—¡No! ¡No! —gritó Witherspoon—. ¡Abajo el amor!

—...Que está fundada en el mutuo amor —hilvanó Gregory apretando los dientes— no puede haber disidencia respecto a los fines que se ha de proponer la corporación, o que yo me he de proponer, si es que se me elige para representarla. Con un altivo desdén para los calumniadores que nos quieren hacer pasar por asesinos y enemigos de la sociedad humana, persistiremos, con tranquilo valor moral, y valiéndonos de la persuasión, en los ideales inconmovibles de la fraternidad y de la virtud!

Gregory volvió a su asiento; se pasó las manos por la frente. Había un silencio penosísimo. El presidente se levantó como un autómata, y dijo con voz descolorida:

—¿No hay quien se oponga a la candidatura del camarada Gregory?

La asamblea estaba desconcertada, y el camarada Witherspoon se agitaba en su asiento y balbuceaba desde sus espesas barbicas. Sin embargo, la fuerza de la rutina hubiera hecho aprobar la candidatura. Pero, al tiempo en que el presidente iba a abrir la boca para declararla aprobada, Syme se puso de pie y dijo suavemente:

—Sí, señor Presidente, yo me opongo.

Un cambio inesperado de voz es de mucho efecto en la oratoria. Evidentemente Mr. Syme entendía algo de oratoria. Habiendo pronunciado las anteriores palabras con suavidad y sencillez, hinchó ahora la voz de manera que la bóveda resonó como si hubieran descargado un fusil.

—¡Camaradas! —gritó, y todos saltaron en los bancos—. ¿Y para oír esto hemos venido aquí? ¿Para eso tenemos que vivir debajo de la tierra como unos ratones? Para oír eso bastaría ir a las comidas de las escuelas dominicales.

"¿Hemos revestido de armas estos muros, hemos puesto la muerte tras esa puerta para impedir que venga cualquiera a oír que el camarada Gregory nos aconseje: Sed buenos y seréis felices, la honradez es la mejor política, la virtud tiene en sí misma su recompensa? En el discurso del camarada Gregory no ha habido una sola palabra que no hubiera regocijado a un cura. *(Muy bien, muy bien)*. Pero como yo no soy cura (risas), no me han hecho ni mucha ni poca gracia (risotadas), y un hombre capaz de ser un buen cura, no es capaz de ser un Jueves enérgico, duro e implacable *(¡Muy bien, bravo!)*. El camarada Gregory nos ha dicho, como pidiendo indulgencia, que no somos enemigos de la sociedad. Pero yo os digo que somos enemigos de la sociedad, y tanto peor para la sociedad. Somos enemigos de la sociedad, porque la sociedad es la enemiga de la Humanidad: su más antigua y despiadada enemiga *(¡Bravo!)*. El camarada Gregory nos dice, como solicitando perdón, que no somos aquí asesinos. Concedido. No somos asesinos, sino ejecutores." (Alaridos.)

Desde que Syme se levantó, Gregory lo había estado oyendo con un asombro que se reflejaba casi en una expresión de imbecilidad. Al fin, aprovechando una pausa, sus labios inmóviles se abrieron para dejar salir, con una precisión automática, esta condenación:

—¡Hipócrita abominable!

Syme clavó su mirada azul en los temibles ojos de su adversario, y dijo con altivez:

—El camarada Gregory me llama hipócrita. Sabe él tan bien como yo que estoy cumpliendo puntualmente mis juramentos y haciendo lo que debo. Yo no me ando con atenciones ni las quiero. He dicho que el camarada Gregory no sería un buen Jueves, a pesar de sus amables cualidades. Es inepto para ser Jueves, en razón de sus amables cualidades. No queremos que el Supremo Consejo de la Anarquía se contamine de conmiseración lacrimosa. *(¡Muy* bien!). Aquí no hay tiempo que gastar en cortesías ni en modestias. Presento yo mismo mi candidatura contra la del camarada Gregory, como me propondría yo mismo contra todos los Gobiernos de Europa. Porque el anarquista que ha dado su corazón a la anarquía, ése no se acuerda de la modestia, como tampoco se acuerda del orgullo *(Gritos prolongados).* Yo aquí no soy un hombre: soy una causa. *(¡Bravooo!).* Me propongo contra el camarada Gregory con la misma impersonalidad, con la misma naturalidad con que preferiría, en ese muro, una pistola a otra pistola. Y digo, en suma, que antes de tener a Gregory y sus dulzonerías en el Consejo Supremo, ofrezco mi candidatura, y...

El final quedó ahogado en una catarata de aplausos. Todos los rostros, que se habían ido enfureciendo de aprobación a medida que las palabras de Syme eran más violentas, ahora se torcían con gestos de esperanza o se abrían con gritos de entusiasmo. Cuando Syme anunció que estaba dispuesto a ser Jueves, un rugido de asentimiento le contestó, que no fue ya posible aplacar. Y aunque Gregory, de pie, mascando espuma, clamaba a plenos pulmones contra el clamor general, nadie le escuchaba.

—Deteneos, insensatos —gritaba—. ¡Deteneos! Pero por sobre sus gritos y sobre aquella tempestad de alaridos, se dejó todavía oír Syme, con voz de trueno:

—Yo no iré al Consejo a refutar las calumnias de los que nos llaman asesinos: iré a merecer yo mismo esas calumnias *(largos y prolongados aplausos).* Al sacerdote que dice: "estos son los enemigos de la religión", al juez que dice "he aquí los enemigos de la ley", al obeso parlamentario que exclama: "ahí tenéis a los enemigos del orden público y de la moral pública", a todos ésos yo les diré: "Sois falsos reyes, pero sois profetas verídicos. Porque heme aquí venido para destruiros y para cumplir vuestros augurios".

El inmenso clamor se fue lentamente apaciguando. Antes de que hubiera cesado del todo, Witherspoon se había puesto de pie, el pelo y la barba erizados, y había dicho:

—Propongo, como enmienda, que el camarada Syme sea designado para el puesto.

—¡Alto! ¡Deteneos, repito! —gritaba Gregory frenético—. ¡Todo es una...! La fría voz del presidente vino a cortar sus protestas:

—¿Hay quien secunde la enmienda propuesta?

Un sujeto alto, y flaco, de ojos melancólicos y barba a la americana, hizo ademán de levantarse entre los últimos bancos. Gregory, que había estado aullando hasta entonces, habló ahora con una voz más extraña que sus aullidos.

—¡Acabemos! —dijo, y su voz cayó como una piedra—. Este hombre no puede ser electo, porque es un...

—¿Sí? —dijo Syme imperturbable—. ¿Qué es? Gregory gesticuló sin articular palabra. Un leve sonrojo sucedió a su lividez anterior.

—Porque es un hombre —dijo— que carece casi por completo de la experiencia necesaria.

Y se dejó caer en el banco.

Pero ya el hombre alto y flaco de la barba americana estaba de pie, diciendo con un monótono acento americano:

—Me adhiero a la candidatura del camarada Syme.

—Según la costumbre —dijo Mr. Buttons, el presidente, con mecánica rapidez— será presentada al sufragio la enmienda Syme. Ahora hay que saber si el camarada Syme...

Gregory estaba otra vez de pie, jadeante:

—¡Camaradas! —suplicó—. Yo no soy un loco...

—¡Oh! ¡Oh! —protestó Witherspoon.

—Yo no soy un loco —insistía Gregory con una sinceridad angustiosa que suspendió la asamblea por un instante—. Os voy a dar un consejo, y llamadme loco si queréis. No: tampoco es un consejo, porque no voy a daros ninguna razón para apoyarlo. Es una orden: si os empeñáis, decid que es una locura, pero obedecedla. "Pega, pero escucha". Matadme, pero obedecedme. ¡No elijáis a ese hombre!

La verdad, aun encadenada, es tan terrible, que por un instante pareció que la efímera victoria de Syme iba a doblarse como un junco bajo la tempestad. Pero quien hubiera visto los tranquilos ojos azules de Syme nada habría temido. Contentóse con decir:

—El camarada Gregory ordena... Esto bastó para romper el encantamiento. Al punto gritó un anarquista:

—¿Y quién es usted para mandar? Usted no es el Domingo.

Y otro, con un vozarrón:

—Usted no es el Jueves.

—Camaradas —gritó Gregory con la voz del mártir que, en el éxtasis del dolor, acaba por sobreponerse al dolor—. Poco me importa que me detestéis como un tirano o .como un esclavo. Si no escucháis mis órdenes, recibid al menos mi humillación. Me arrodillo ante vosotros, me echo a vuestros pies, os imploro: no elijáis a ese hombre.

—Camarada Gregory —observó el presidente—, realmente la actitud de usted no me parece muy digna.

Por primera vez desde el principio de la discusión, hubo un corto silencio. Gregory se volvió a sentar. No era un hombre, sino un pálido despojo humano.

El presidente soltó la frase ritual como un reloj de repetición:

—Se trata de saber si el camarada Syme debe ser electo para desempeñar el cargo de Jueves en el Consejo General.

Rumor semejante al del mar. Todas las manos se levantan formando un bosque de ramas. Tres minutos después, Mr. Gabriel Syme, del servicio de la Policía Secreta, era elegido para desempeñar el cargo de Jueves en el Consejo General del Anarquismo Europeo.

Toda la asamblea parecía estar pensando en la lancha que esperaba en el río, en el bastón de verduguillo y el revólver que estaban sobre la mesa. En cuanto la elección se dio por irrevocablemente concluida y Syme recibió sus credenciales, todos se pusieron de pie y se mezclaron en la estancia. Syme, sin saber cómo, se encontró de manos a boca con Gregory, que lo contemplaba con asombro y con odio. Ambos callaron. Al fin Gregory pudo articular:

—¡Es usted un demonio!

—Y usted —contestó el otro— es todo un caballero.

—Usted —decía Gregory temblando—. Usted me ha metido en esto; usted fue el que...

—Sea usted razonable —dijo Syme—. Si a eso vamos, ¿quién me trajo a mí a este parlamento de demonios? Usted me hizo jurar, antes que yo a usted. Yo creo que los dos hemos hecho lo que creíamos que estaba bien. Pero diferimos de tal modo en nuestro concepto del bien, que entre nosotros no puede haber la menor concesión. Entre nosotros no puede haber más que el honor y la muerte.

Después se cubrió con la capa y se embolsó la botella.

—El bote espera —dijo Mr. Buttons interponiéndose—. Tenga usted la bondad de seguirme.

Con pasos de guarda nocturno de almacén, Mr. Buttons condujo a Syme por un pasadizo estrecho y blindado. El agonizante Gregory les seguía, pisándoles los talones.

Al cabo del pasadizo, Buttons abrió una puerta que dejó ver, bajo la luna, la plata y azul del río, como en un escenario de teatro. Muy cerca de la salida esperaba el bote de vapor, masa oscura y pequeña que parecía un dragoncito con un ojo rojo encendido.

Ya a punto de subir, Gabriel Syme se volvió al ensimismado Gregory.

—Ha cumplido usted su palabra —le dijo cortésmente, la cara escondida en la sombra—. Es usted un hombre de honor. Le quedo a usted muy agradecido. Y ha cumplido usted su palabra hasta en un sentido muy especial. Me prometió usted una cosa al principio de todo esto, que también me ha cumplido usted.

—¿Qué cosa? —preguntó Gregory, que tenía un caos en el alma—. ¿Qué cosa le prometí a usted?

—Una noche muy divertida —dijo Syme. Y subió en el bote, que al instante se puso a andar. Syme hizo un saludo militar con el bastón.

CAPÍTULO IV

LA HISTORIA DE UN DETECTIVE

Gabriel Syme no era un detective que pretendiera pasar por poeta: era realmente un poeta que se había hecho detective. Su odio a la anarquía no era fingido. Era Syme uno de esos hombres a quienes la aterradora locura de las revoluciones empuja, desde edad temprana, a un "conservatismo" excesivo. Este sentimiento no provenía de ninguna tradición: su amor a la respetabilidad era espontáneo, y se había manifestado de pronto, como una rebelión contra la rebelión.

Procedía de una familia de extravagantes, cuyos más antiguos miembros habían participado siempre de las opiniones más nuevas. Uno de sus tíos acostumbraba salir a la calle sin sombrero, y el otro había fracasado en el intento de no llevar más que un sombrero por único vestido. Su padre cultivaba las artes, y la realización de su propio Yo. Su madre estaba por la higiene y la vida simple. De modo que el niño, durante sus tiernos años, no conoció otras bebidas más que los extremos del ajenjo y el cacao, por los cuales experimentaba la más saludable repugnancia. Cuanto se obstinaba su madre en predicar la abstinencia puritana, tanto se empeñaba su padre en entregarse a las licencias paganas; y cuando aquélla dio en el vegetarianismo, éste estaba ya a punto de defender el canibalismo.

Rodeado, desde la infancia, por todas las formas de la revolución, Gabriel no podía menos de revolucionar en nombre de algo, y tuvo que hacerlo en nombre de lo único que quedaba: la cordura. Pero no podía negar su sangre de fanático, en el exceso de convicción, bastante ostensible, con que defendía el sentido común. Un accidente vino a exasperar su odio de la anarquía moderna. Sucedióle, pues, pasar por cierta calle en el momento de un atentado dinamitero. Por unos segundos se quedó ciego y sordo, y al recobrarse pudo ver —disipado el humo—, vidrios rotos y caras ensangrentadas. Después continuó, corno de costumbre, tranquilo en apariencia, cortés, amable; pero ya había una lesión oculta... en su mente. No veía en los anarquistas, como ve la mayoría, un puñado de locos que combinan el intelectualismo con la ignorancia, sino que los consideraba como un inmenso peligro, como una especie de invasión china.

Continuamente vertía en los periódicos y en los cestos de las redacciones verdaderos torrentes de cuentos, versos, violentos artículos, poniendo a los hombres en guardia contra este torrente de barbarie y de negación. Pero no por eso lograba herir seriamente al enemigo, ni, lo que es peor, lograba un seguro medio de vida. Paseaba por las orillas del Támesis, mordiendo con amargura su mal tabaco y meditando en los progresos del anarquismo, y no había anarquista dinamitero de aire más salvaje ni más solitario que él. "El Gobierno, se decía, lucha solo, y en situación desesperada". De otro modo, como él era muy quijote, nunca se hubiera puesto del lado del Gobierno.

Una tarde —el crepúsculo parecía de sangre— Syme paseaba, como de costumbre, por la orilla del río. Rojo estaba el río donde el cielo rojo se reflejaba, y ambos remedaban su cólera. El cielo estaba tan cargado y el río tan luminoso, que la llamarada del agua parecía más encendida que la del crepúsculo: verdadera fuente de fuego que se precipitara en las cavernas de una ciudad subterránea.

Syme andaba por aquellos días hecho un desarrapado. Llevaba una chistera anticuada y un gabán negro todavía más anticuado y raído, todo lo cual le daba el aspecto de los personajes sospechosos de Dickens y de Bulwer Lytton. Su barba y sus cabellos amarillentos estaban más descuidados y leoninos que en los días de aseo y de cosmético del Saffron Park. Entre sus contraídos dientes, llevaba un cigarro negro, largo, delgado, comprado en el Soho por dos peniques. Cualquiera lo hubiera tomado por un ejemplar de aquel anarquismo al que había declarado una guerra santa. Probablemente por eso se le acercó un policía del muelle y le dio, como al descuido, las buenas noches.

Syme, en plena crisis de temor por la suerte de la humanidad, se enardeció ante aquel saludo automático del guardia que, en el crepúsculo, se destacaba como un bulto de sombra azul.

—Conque buenas noches, ¿eh? —dijo con un tono insolente—. Hay quien le llame buena a la noche en que ha de sobrevenir el fin del mundo. Mire usted ese sol sangriento, mire usted ese río sangriento. Si todo eso fuera sangre humana derramada y humeante, ahí seguiría usted tan fresco, sólo preocupado de hacer circular a tal o cual vagabundo inofensivo. Ustedes, los policías, son crueles con el pobre, pero hasta eso les perdonaría yo si no fuera por su cachaza.

—Si somos calmosos —contestó el otro— es porque tenemos la calma de la resistencia organizada.

—¿Dice usted? —preguntó Syme, interesado.

—El soldado debe permanecer tranquilo entre el tumulto de la batalla. La serenidad de los ejércitos está hecha con la furia de las naciones.

—¡Por Dios! —exclamó Syme—. ¡Teorías de la escuela! ¿Y eso es lo que llaman educación laica?

—No —dijo el policía con tristeza—, yo no he disfrutado nunca de esas ventajas. Las "Board Schools" son posteriores a mi época. La educación que a mí me dieron fue muy tosca, y aun temo que muy anticuada.

—¿Pues dónde recibió usted *su* educación? —preguntó Syme intrigado.

—Yo, en Harrow —dijo el guardia.

Las simpatías de clase que, por falsas que sean, son, para algunos, lo más sincero, estallaron en el corazón de Syme, sin que éste pudiera contenerlas.

—¡Pero hombre de Dios! ¡Usted no debería estar en la policía!

Y el guardia, suspirando y moviendo la cabeza.

—Lo sé —exclamó solemnemente—. Demasiado sé que soy indigno.

—Pero ¿por qué entró usted en la policía? —preguntó Syme indiscretamente.

—Más o menos por la misma razón que usted tiene para calumniar a la policía —replicó el otro—. Porque comprendí que, en este servicio, hay ciertas oportunidades para aquellos cuyo interés por la humanidad afecta más bien a las aberraciones del intelecto científico, que no al estado anormal —y, aunque excesivo, excusable—, de la voluntad humana. Creo que hablo claro.

—Si quiere usted decir que habla para sí mismo —dijo Syme—, es posible. Pero si quiere decir usted que se explica, no hay tal, no señor. ¿Qué filosofías son éstas en un hombre que lleva el casco azul, aquí, en los muelles del Támesis?

—Ya se ve que no ha oído usted hablar de los últimos desarrollos de nuestro sistema policíaco —le contestó el otro—. Y no me extraña: como que procuramos ocultarlos a las clases cultas, que es donde tenemos más enemigos. Pero me parece que a usted no le faltan disposiciones. Yo creo que usted podría ser de los nuestros.

—¿En qué sentido? —interrogó Syme.

—Se lo diré a usted —comenzó el policía con lentitud—. He aquí la cuestión: el jefe de una de nuestras secciones, uno de los más celebrados detectives de Europa, sostiene, de tiempo atrás, la tesis de que nuestra civilización está amenazada por una conspiración de orden puramente intelectual. Está convencido de que el mundo científico y el mundo artístico traman, sordamente, una cruzada contra la Familia y el Estado. En consecuencia, ha organizado un cuerpo especial de policías, que son, al mismo tiempo, filósofos. La misión de éstos es observar el fermento naciente de la conspiración, para combatirla, no sólo en el sentido penal, sino en el terreno de la controversia. Yo, que soy demócrata, sé bien lo que vale el hombre ordinario en materia de valor o virtud ordinarios; pero reconozco que sería inconveniente emplear policías ordinarios para una investigación que es como una caza a la herejía.

Los ojos de Syme brillaban de entusiasmo y curiosidad.

—Y entonces —dijo—, ¿usted qué es?

—¿Qué? Desempeño el oficio de policía filósofo —dijo el del uniforme azul—. El oficio es a la vez más atrevido y más sutil que el de un detective vulgar. Éste tiene que ir a las tabernas sospechosas para arrestar ladrones. Nosotros vamos a los tés artísticos para descubrir pesimistas. El detective vulgar, hojeando un libro mayor o un diario, adivina un crimen pasado. Nosotros, hojeando un libro de sonetos, adivinamos un crimen futuro. A nosotros nos toca remontar hasta el origen de esos temerosos pensamientos que conducen a los hombres al fanatismo intelectual y al crimen intelectual. Si llegamos a tiempo para evitar el asesinato de Hartlepool, se debe a que uno de los nuestros —un tal Wilks, un muchacho muy listo— logró comprender plenamente el sentido de un tresillo musical.

—¿Cree usted realmente —preguntó Syme— que haya una relación tan estrecha entre el crimen y el intelecto moderno?

—Usted no es un demócrata muy convencido —contestó el policía—, pero tenía usted razón hace un rato al decir que solíamos tratar a los criminales pobres con la mayor brutalidad. Le confieso a usted que algunas veces me canso de este oficio, considerando que, las más de las veces, se reduce a hacer la guerra a los ignorantes o a los desesperados. Por fortuna el nuevo rumbo que ha tomado la policía es cosa muy distinta. Nosotros negamos esa afirmación de los snobs ingleses, según la cual los iletrados son los criminales más peligrosos. Recordamos el caso de los emperadores romanos. Recordamos a los grandes príncipes envenenadores del Renacimiento. Afirmamos que el criminal peligroso es el criminal culto; que hoy por hoy, el más peligroso de los criminales es el filósofo moderno que ha roto con todas las leyes. En comparación con él, los ladrones y los, bígamos casi resultan de una perfecta moralidad, y mi corazón está con ellos. Por lo menos, aceptan el ideal humano fundamental, si bien lo procuran por caminos equivocados! Los ladrones creen en la propiedad, y si procuran apropiársela sólo es por el excesivo amor que les inspira. Pero, al filósofo, la idea misma de la propiedad le disgusta, y quisiera destruir hasta la idea de posesión personal. Los bígamos creen en el matrimonio: de otro modo, no se someterían a la formalidad solemne y ritual de la bigamia. Pero el filósofo desprecia el matrimonio. Los asesinos respetan la vida humana, sino que desean alcanzar una plenitud de vida propia, a expensas de las vidas que consideran inferiores a la suya. Pero el filósofo odia la vida, ya en sí mismo o en sus semejantes.

Syme dio una palmada de entusiasmo.

—¡Cuán cierto es eso! —exclamó—. Desde mi infancia he sentido así, pero nunca había logrado formularlo en una antítesis verbal. El criminal común es un mal hombre, pero, en todo caso, puede asegurarse que es un hombre bueno condicional. Con sólo destruir un obstáculo, por ejemplo un tío rico, está dispuesto a aceptar el universo y a dar gracias a Dios. Es un reformador: no un anarquista. Pretende limpiar el edificio: no derrumbarlo. Pero el filósofo perverso no trata de alterar las cosas, sino de aniquilarlos. Sí, es verdad: la sociedad moderna sólo ha conservado las partes más opresivas e ignominiosas de la función policíaca: saquea al pobre, y vigila cautelosamente al infortunado. En cambio, ha abandonado lo más noble de la función: el castigo de los traidores poderosos, en el Estado; y, en la Iglesia, el de los herejes poderosos. Los modernos dicen que no se debe castigar al hereje. Y yo me pregunto si tendremos derecho para castigar, fuera de los casos de herejía.

—¡Pero esto es absurdo! —exclamó el policía, dando a su vez una palmada, con una excitación poco común en personas de su oficio y su corpulencia—. ¡Pero esto es intolerable! Yo no sé a qué se dedicará usted, pero sí sé decirle que está usted desperdiciando su vida. Usted debe unirse, usted va a unirse a nuestro ejército contra la anarquía. Los ejércitos de la anarquía están a las puertas. No tardarán en intentar un golpe. Un instante más, y habrá usted perdido la gloria de trabajar con nosotros, y tal vez la gloria de morir al lado de los últimos héroes.

—En efecto —asintió Syme—, no es cosa de desperdiciar semejante ocasión. Pero creo que aun no he entendido bien. Yo me doy cuenta, como cualquiera, de que el mundo moderno está lleno de pequeños engendros de la anarquía y de multitud de pequeñas tendencias extraviadas. Pero, por repugnantes que sean, tienen generalmente el mérito de estar en desacuerdo entre sí. ¿Qué quiere usted decir al hablar de sus ejércitos y del golpe que preparan? ¿Qué anarquía puede ser ésa?

—No la confunda usted —dijo el guardia— con esas casuales explosiones de dinamita que acaecen en Rusia o en Irlanda, y que son siempre actos de gente oprimida, aunque equivocada. Yo me refiero a un vasto movimiento filosófico, en el que hay un círculo externo y un círculo interno. El círculo externo podemos decir que es el elemento laico; y el interno, el elemento sacerdotal. Pero prefiero llamar, al círculo externo, la sección inocente; y al interno, la sección criminal. El círculo externo —el más numeroso— está constituido por simples anarquistas; es decir, hombres que creen que las reglas y las fórmulas han acabado con la humana felicidad. Así, están convencidos de que los siniestros efectos del crimen son el resultado natural del sistema que le ha dado el nombre de crimen. No creen que el crimen engendra el castigo, sino que el castigo engendra el crimen. El hombre que ha seducido a siete mujeres les parece, en sí mismo, tan irreprochable como las flores de la primavera. El cortador de bolsas les resulta, en sí mismo, un hombre de exquisita bondad. A éstos, pues, llamo yo, la sección de los inocentes.

—¡Oh! —murmuró Syme.

—Esta gente, naturalmente, está siempre anunciando una futura era de bienaventuranza, un paraíso por venir, la liberación de las cadenas de la virtud y el vicio, y otras cosas por el estilo. Y también hablan así los del círculo interno, los del sacerdocio sagrado. También hablan, ante las arrebatadas multitudes, de la felicidad futura y la liberación de los hombres. Sólo que en boca de éstos, esas halagüeñas palabras tienen un sentido espantoso. Porque éstos no se hacen ilusiones; son demasiado intelectuales para creer que el hombre se verá alguna vez libre, en este mundo, del pecado original y de la necesidad de la lucha. Cuando hablan así, se refieren a la muerte. Cuando auguran la liberación final de la humanidad, quieren significar con eso el suicidio futuro de la humanidad. Cuando hablan de un paraíso sin bien ni mal, hablan de la tumba. Sólo dos fines se proponen: primero, destruir a la humanidad, y después, destruirse a sí mismos. Por eso lanzan bombas en vez de disparar pistolas. La sección o fila de los inocentes queda contrariada al ver que la bomba no mata al rey; pero el alto sacerdocio se regocija porque, en todo caso, la bomba ha matado a alguien...

—¿Qué debo hacer para unirme a ustedes? —preguntó de pronto Syme, como en un arrebato.

—Sé a punto fijo que hay actualmente una vacante —le contestó el policía—, pues tengo la honra de merecer hasta cierto punto la confianza del jefe de quien le he hablado a usted. Debería usted venir a verlo ahora mismo. Aunque digo mal, porque como verlo, nadie lo ve; pero si usted quiere, puede hablar con él.

—¿Por teléfono? —preguntó Syme con interés.

—No —dijo plácidamente el otro—. Sino que le gusta estar siempre en un cuarto oscuro. Dice que esto aclara sus pensamientos. Venga usted, venga usted conmigo.

Intrigado y deslumbrado a la vez, Syme se dejó conducir hasta una puerta lateral del edificio de Scotland Yard. Antes de darse cuenta, ya había pasado por las manos de cuatro oficiales intermediarios, y fue de pronto introducido en una cuarto cuya absoluta oscuridad le impresionó casi como un relámpago. No era oscuridad ordinaria, que siempre permite adivinar vagamente las formas, sino una oscuridad como la de una ceguera súbita.

—¿Es usted el nuevo recluta? —preguntó una voz penetrante.

Y, de cierto modo inexplicable, aunque en el cuarto no se distinguía nada, Syme comprendió dos cosas: la primera, que aquella voz salía de un cuerpo voluminoso; la segunda: que aquel hombre estaba de espaldas.

—¿Es usted el nuevo recluta? —dijo el invisible jefe, que parecía estar al tanto de la reciente conversación de Syme—. Está bien. Queda usted aceptado.

Syme sintió que se le doblaban las piernas, y, a duras penas, trató de defenderse de aquel compromiso irrevocable.

—Sólo que yo, realmente, no tengo experiencia... —comenzó a decir.

—Nadie tiene experiencia de la Batalla de Armagedón —dijo el otro.

—Es que no me creo capaz...

—Tiene usted voluntad, y eso basta —dijo el desconocido.

—Pero —observó Syme— yo no conozco oficio alguno para el cual baste la buena voluntad.

—Yo sí —le contestó la voz—. El de mártir. Yo no hago más que condenarlo a usted a muerte. Adiós.

Y así fue como Gabriel Syme salió de nuevo a la luz del día, con su pobre sombrero negro y su pobre capa anticuada, convertido en miembro del nuevo cuerpo de policía que había de combatir la gran conspiración social. Siguiendo los consejos de su amigo el guardia, que era profesionalmente inclinado al aseo, se hizo arreglar pelo y barba, compró un sombrero decente, un elegante traje de verano azul-gris, pálido, se puso una flor amarilla en la solapa y, en suma, se transformó en ese sujeto impecable y casi insoportable que Gregory había encontrado por vez primera en el jardincillo del Saffron Park. Antes de abandonar los cuarteles de policía, su amigo le proporcionó una tarjetita azul con un número, en la cual se leía: "La Última Cruzada"—, signo de su autoridad oficial. Se la guardó cuidadosamente en un bolsillo del chaleco, encendió un cigarrillo, y se lanzó a buscar y a combatir al enemigo en todos los salones de Londres. Adonde le condujeron finalmente sus aventuras, ya lo hemos visto. Hacia la una y media de la mañana de un día de febrero, se encontró deslizándose sobre el silencioso Támesis, en un remolcador, armado con un bastón de verduguillo y un revólver, y electo solemnemente para el puesto de Jueves en el Consejo Central de Anarquistas.

Al embarcar en el remolcador, Syme tuvo la sensación singularísima de encontrarse en un nuevo ambiente: no sólo en una nueva tierra, sino en un nuevo planeta. Esto se debía sin duda, en mucho, a la imprudente aunque irrevocable decisión de aquella noche, pero también se debía un poco a un cambio "del tiempo y del cielo, cambio sobrevenido durante las dos horas transcurridas desde que penetró en la equívoca taberna. Los fantásticos plumones del brumoso crepúsculo habían desaparecido por completo, y ahora la radiante luna flotaba en un cielo desnudo. La luna brillaba tanto y estaba tan llena que, por una paradoja que habréis observado muchas veces, parecía un sol palidecido. No daba la impresión de una fulgurante noche de luna, sino de algo como un día de luz mortecina.

Sobre el paisaje flotaba una palidez luminosa e irreal, como ese crepúsculo de desastre que, dice Milton, produce el eclipse de sol. Syme se confirmaba en la idea de que había caído en algún planeta más vacío que el nuestro, que gravitara en torno de una estrella más triste. Pero a medida que esta desolación rutilante la embargaba el ánimo, su propia locura caballeresca parecía arder más en la noche como inmensa hoguera. Aun los objetos vulgares que llevaba consigo —las provisiones, el Brandy, la pistola cargada—, adquirían ese carácter poético, concreto y material, que les da el niño cuando lleva un fusil a paseo o se va a la cama con un bollo. El bastón con alma de acero y el frasco de Brandy, aunque por sí mismos no eran más que utensilios de la perversa conspiración, vinieron a ser como la expresión de su generosa aventura. El bastón de verduguillo se convirtió en la espada del caballero, y el Brandy en el trago de estribo. Porque las fantasías modernas, aun las más "deshumanizadas", se refieren siempre a algún símbolo más antiguo y más simple. La aventura podrá ser loca, pero el aventurero debe ser cuerdo. El dragón, sin San Jorge, no sería ni siquiera grotesco. Así, aquel escenario inhumano sólo era fantástico por la presencia de un ser humano. Para la mente exaltada de Syme, las casas, blanquecinas y frías, y las terrazas de la margen del Támesis, parecían tan deshabitadas como las montañas de la luna; pero la misma luna sólo es poética por el "hombre" que hay en la luna. Dos hombres manejaban la embarcación; a pesar de sus muchos esfuerzos, la embarcación iba con cierta lentitud. El claro de luna que había brillado sobre Chiswick se había extinguido ya al pasar por Battersea, y al llegar a la enorme mole de Westminster el día comenzaba a romper. Y rompió al fin como en un estallido de rayos de plomo que descubren vivos de plata. Y éstos estaban ya al rojo blanco, cuando el barco, torciendo el rumbo, viró hacia una ancha escalinata de desembarque que está más allá de Charing Cross. Las grandes piedras del muelle aparecieron a los ojos de Syme oscuras y gigantescas. Negras y enormes, se destacaban sobre el grandioso albor del cielo. Syme sintió como si desembarcara sobre la gradería colosal de un palacio egipcio. La idea no era inoportuna. ¿No iba Syme a atacar los sólidos tronos de unos herejes y abominables monarcas? Saltó del bote a una grada resbalosa, y permaneció un instante inmóvil, sombra oscura y delgada entre aquel vasto amontonamiento de piedras. Los dos bateleros se alejaron con el bote, y volvieron contra la corriente. No habían pronunciado una sola palabra.

CAPITULO V
EL FESTÍN DEL MIEDO

A primera vista, la vasta gradería de piedra pareció a Syme tan desierta como una pirámide; pero aun no llegaba arriba, cuando se dio cuenta de que había un hombre reclinado sobre el parapeto del muelle que miraba fijamente al río. Era una figura enteramente convencional; llevaba un sombrero de seda y una levita a la última moda; en su solapa se veía una flor roja. Syme siguió trepando grada a grada, y el hombre continuó impávido; y Syme logró acercarse lo bastante para darse cuenta, a la pálida y nebulosa luz de la mañana, de que aquel sujeto tenía una cara larga, descolorida, inteligente, completamente afeitada, salvo en la punta de la barba, donde remataba en una borlilla triangular y oscura. Estos pelillos parecían más bien efecto de un descuido, en el afeite total del resto de la cara; cara angulosa, ascética, y noble a su manera. Syme se acercaba cada vez más, observando al desconocido. Éste no pestañeaba.

El instinto le decía a Syme que aquel hombre estaba allí para recibirle. Viendo que permanecía inmóvil, pensó que se había equivocado. Pero un instante después se sintió seguro de que el desconocido tenía algo que ver con su descabellada aventura: el hombre, en efecto, afectaba mayor indiferencia de la que hubiera sido natural ante la aproximación de un extraño. Estaba tan inmóvil como un muñeco de cera y, como tal, atacaba los nervios. Syme miraba una y otra vez aquella cara pálida, noble y delicada, pero aquella cara parecía absorta en la contemplación del río. Entonces sacó del bolsillo el documento de Buttons que acreditaba su elección, y lo puso frente a aquel hermoso y triste rostro. El hombre sonrió. Su sonrisa fue un choque eléctrico: era una sonrisa oblicua, que levantaba la mejilla derecha y hacía caer la izquierda.

Racionalmente hablando, esto no era para espantar a nadie. Mucha gente tiene este hábito nervioso de torcer la sonrisa, y, en muchos, hasta es un atractivo. Pero en las circunstancias de Syme, bajo la influencia de aquel amanecer, bajo el peso de su mortal embajada, bajo la emoción de aquella soledad entre las inmensas piedras chorreantes, aquella sonrisa le produjo un terrible efecto. El río silencioso, el hombre silencioso con aquella fisonomía casi clásica y, como último episodio de aquella extraña pesadilla, una sonrisa tan absurda...!

El espasmo de aquella sonrisa fue instantáneo, y la cara del hombre recobró al instante su armoniosa melancolía. Y el desconocido se puso a hablar sin entrar en explicaciones previas, como entre antiguos camaradas:

—Vamos directamente a Leicester Square, y llegaremos a tiempo para el desayuno. ¿Ha dormido usted?

—No —dijo Syme.

—Tampoco yo —siguió el otro con toda naturalidad—. Pienso meterme en cama después de desayunar.

Hablaba con mucha cortesía, pero con una voz tan muerta que contrastaba con la expresión fanática de su rostro; se diría que las palabras amistosas eran para él meros convencionalismos vacíos, y que su única vida era el odio. Tras breve pausa, continuó así:

—Supongo que el secretario de la sección lo habrá informado a usted de todo lo que puede saberse. Pero lo que nunca puede saberse es cuál será la última idea del Presidente, porque sus ideas se multiplican como una vegetación tropical. Así, por si usted lo ignora, le diré a usted que ahora ha tenido la idea de que nos ocultemos mediante el procedimiento de no ocultarnos para nada. Al principio, claro está, nos reuníamos en una cámara subterránea como la sección de usted. Después, Domingo nos trasladó al reservado de un restaurante. Porque, dijo, mientras menos nos ocultemos, menos nos perseguirán. Es un hombre como no hay otro; pero a veces me temo que su vigoroso cerebro comience, con los años, a perder el equilibrio. Porque ahora se empeña en que nos expongamos al público; ahora almorzamos en un balcón, figúrese usted: ¡en un balcón que cae sobre Leicester Square!

—Y la gente ¿qué dice? —preguntó Syme.

—Muy sencillo: dice que somos una alegre tertulia de caballeros que pretenden ser anarquistas.

—Me parece una idea muy ingeniosa —observó Syme.

—¿Ingeniosa? ¡Dios nos tenga de su mano! Conque ingeniosa ¿eh? —gritó el otro con una voz súbita y chillona, tan chocante y torcida como su sonrisa—. Cuando haya usted contemplado al Domingo, siquiera un milésimo de segundo, no le llamará usted ingenioso.

Con esto llegaron a la extremidad de una angosta calle, de donde se veía ya Leicester Square bañada en el sol matinal. Nunca se sabrá a ciencia cierta por qué esta plaza tiene un aspecto tan extraño y, en cierto modo, tan continental. Nunca se pondrá en claro si es su aspecto extranjero lo que atrae a los forasteros, o la afluencia de éstos lo que le comunica semejante aspecto. Aquella mañana, este aspecto parecía singularmente acentuado y brillante. La plaza abierta, las frondas iluminadas, la estatua, el contorno sarraceno de la Alhambra, todo hacía del lugar una como copia de alguna plaza pública de Francia o de España. Y esto acreció en Syme la extraña impresión, que ya varias circunstancias de la aventura le habían producido también, de haber sido transportado a un nuevo mundo. La verdad es que la plaza le era conocida porque, de niño, solía venir por allí a comprar mal tabaco; pero, al volver una esquina y ver los árboles y las cúpulas moriscas, hubiera jurado que estaba en alguna desconocida "Place de cualquier cosa", situada en cualquier ciudad extranjera.

En un ángulo de la plaza, aparecía un hotel rico pero no muy frecuentado, cuya fachada principal caía sobre otra calle. Una entrada espaciosa daba sin duda acceso al café; y arriba, materialmente suspendido sobre la calle en unos estribos formidables, salía un balcón lo bastante amplio para instalar en él una gran mesa. Y en torno a esta mesa, muy visible, a pleno sol, ostentado a la calle, había un grupo de hombres parlachines y ruidosos, todos vestidos con la mayor insolencia de la moda, con chalecos blancos y floridas solapas. De tiempo en tiempo, se les oía reír desde el otro lado de la plaza. El grave secretario dejó ver su absurda sonrisita, y Syme comprendió que aquella escandalosa tertulia era el cónclave secreto de los dinamiteros de Europa.

Syme, que los contemplaba atentamente, reparó de pronto en algo extraño, en algo que hasta entonces no había visto, sin duda porque era demasiado vasto para ser visto. A este lado del balcón, obstruyendo una parte apreciable de la perspectiva, se alzaba la espalda de una inmensa montaña humana. Al advertirla Syme pensó que iba a caerse el balcón. La enormidad de aquel hombre no sólo provenía de su estatura anormal y su increíble gordura, sino que sus proporciones todas eran gigantescas, como las de una estatua colosal. Su cabeza, ya entre gris, vista de espaldas, parecía mayor del tamaño natural. Las orejas, que sobresalían, eran excesivas. Aquel hombre estaba construido conforme a una escala máxima; y tal era la impresión de sus dimensiones que, a su lado, todos los demás le parecieron a Syme empequeñecerse y transformarse en verdaderos enanos. Aunque aquel hombre continuaba en la misma actitud de antes, con su levita y su flor en el ojal, a Syme, alterado el sentido de la escala, se le figuró ver un gigantón que estaba ofreciendo el té a cinco chiquillos.

Cuando Syme y su guía se acercaron a la puerta lateral del hotel, un criado les salió al encuentro sonriendo con la mayor placidez.

—Ya están arriba los señores —dijo—. Hablan y ríen de lo lindo. ¡Figúrese usted que dicen que van a arrojarle bombas al rey!

Y el camarero se alejó rápidamente, la servilleta bajo el brazo, encantado de la singular frivolidad de aquellos señores.

Los dos hombres subieron la escalera en silencio.

A Syme no se le había ocurrido preguntar si aquel hombre tan monstruoso, que casi llenaba el balcón y lo derrumbaba con su peso, era el temido Presidente. Pero, con inexplicable y súbita lucidez, lo adivinó al verlo. Syme efectivamente era uno de esos espíritus abiertos a las influencias psicológicas más extrañas, en un grado que no deja de ser peligroso para la salud mental. Exento en absoluto de miedo ante los peligros físicos., era excesivamente sensible al olor del mal. Ya durante aquella noche, dos veces por lo menos, las cosas más insignificantes le habían preocupado, dándole la sensación de que andaba cerca de los cuarteles generales del infierno. Al aproximarse al gran Presidente, este sentimiento se hizo irresistible, pueril y detestable a la vez.

Al atravesar la sala que daba al balcón, la amplia cara de Domingo pareció ensancharse todavía; y se apoderó de Syme el temor de que, al acercarse más, aquella cara crecería demasiado para ser ya una cara posible, y temió no poder reprimir un grito. Recordó, entonces, que cuando era niño, no podía mirar en el Museo Británico la máscara de Memnón, primero por ser una cara y segundo por ser tan ancha.

Con un esfuerzo más heroico que el que hace falta para arrojarse al abismo, se acercó a la mesa y ocupó un asiento. Los otros lo recibieron entre burlas y buen humor, como si hubieran sido amigos de toda la vida. Él se tranquilizó un poco al notar que todos estaban vestidos convenientemente, y que la cafetera era sólida y brillante; entonces se atrevió a echar una mirada al Domingo; realmente, tenía una cara muy ancha, pero era, con todo, una cara humanamente posible.

Junto al Presidente, todos los demás resultaban vulgares; nada en ellos llamaba la atención a primera vista, salvo el que, por un antojo del Presidente, todos estaban vestidos de fiesta, lo cual daba a la escena el aire de una boda. Uno, sin embargo, se distinguía entre los demás. Tenía el tipo del dinamitero común. Cierto que llevaba cuello blanco y corbata de seda, cosas que, en ocasión, hacían las veces de uniforme; pero de aquel cuello salía una cabeza indisciplinable e inconfundible: una espantosa maleza de cabellos y barbas negras, donde casi se ahogaban unos ojillos de "terrier". Sólo que los ojos parecían estar en otro plano: eran los tristes ojos del ciervo ruso. Esta fisonomía no era terrible como la del Presidente, pero tenía ese diabolismo propio de lo extremadamente grotesco. No hubiera sido más absurdo el contraste, si de aquel cuello y aquella apretada corbata se viera salir una cabeza de gato o de perro.

Parece que éste se llamaba Gogol, era polaco y en aquel ciclo de los días, hacía de Martes. Era incurablemente trágico de alma y de palabras; no lograba adaptarse al papel frívolo y alegre que le exigía el Presidente Domingo. Y en efecto, a la llegada de Syme, el Presidente, con ese audaz desdén de las sospechas públicas que era toda su política, estaba burlándose de Gogol por su incapacidad para adoptar las gracias mundanas.

—Nuestro amigo Martes —decía el Presidente con una voz profunda llena de tranquilidad y de volumen—, nuestro amigo Martes creo que no ha entendido bien mi propósito. Se viste a lo caballero, pero siempre deja ver que tiene un alma demasiado grande para poder conducirse a lo caballero. Insiste en portarse como el conspirador de melodrama. Ahora bien: tras un caballero que pasea por Londres con chistera y levita, no es fácil sospechar que se esconda un anarquista. Pero si, aun con chistera y levita, se le ocurre andar a cuatro patas, entonces claro es que llamará la atención. Y algo semejante hace nuestro hermano Gogol. Se ha puesto a andar a cuatro patas con tan acabada diplomacia, que ahora le cuesta trabajo andar derecho.

—Yo no sirvo para disfrazarme —dijo Gogol, con aire huraño y profundo acento extranjero—. No tenco por qué aferconzarme de ello.

—Sí, si tiene usted por qué —contestó el Presidente con buen humor—. ¡Si usted se disfraza como los demás! Sólo que lo hace usted muy mal, por lo asno que es usted. Pretende combinar dos métodos inconciliables. Cuando alguien se encuentra un hombre debajo de su cama, es muy probable que le llame la atención; pero si este hombre lleva una elegante chistera, entonces, querido Martes, convendrá usted conmigo en que es muy difícil que el caso se le olvide en toda su vida. Cuando le encontraron a usted debajo de la cama del almirante Biffin...

—Yo no sé encañar —dijo Martes tristemente y sonrojándose un poco.

—¡Admirable, amigo mío, admirable! —Le interrumpió el Presidente, zumbón y pesado—. Entonces no sabe usted hacer nada.

Mientras la conversación seguía su curso, Syme se dedicó a observar mejor a sus compañeros. Y poco a poco sintió que lo embargaba otra vez el sentimiento de horror hacia aquellas excentricidades psíquicas.

Habíale parecido al principio que todos los comensales, con excepción del peludo Gogol, eran personas comunes y corrientes por el aspecto y el traje. Pero al observarlos mejor, comenzó a descubrir en todos y cada uno de ellos lo mismo que había advertido en el que le esperó junto al Támesis: algún rasgo demoníaco. Aquella risa descentrada que desfiguraba de cuando en cuando la hermosa cara del que había sido su guía, era "típica" de todos aquellos "tipos". Todos tenían algo, perceptible tal vez a la décima o a la vigésima inspección; algo que no era del todo normal y que apenas parecía humano. Idea que trató de formularse, diciéndose que todos tenían aspecto y presencia de personas bien educadas, pero con una ligera torsión, como la que produce la falla de un espejo. Esta excentricidad semioculta, sólo podrá definirse describiendo uno a uno todos los tipos. El cicerone de Syme llevaba el título de Lunes; era el secretario del Consejo, y nada era más terrible que su tuerta sonrisa, a excepción de la espantosa y satisfecha risotada del Presidente. Pero ahora que Syme lo observaba más de cerca, advertía en el secretario otras singularidades. Su noble rostro estaba tan extenuado, que Syme llegó a figurarse que lo trabajaba alguna profunda enfermedad; pero, en cierto modo, el mismo dolor de su mirada negaba esta suposición. No: aquel hombre no era víctima de una dolencia física. Sus ojos brillaban con una tortura intelectual, como si el solo pensar fuese su dolencia. Esto era común a toda la tribu; todos tenían alguna anomalía sutil y distinta. Junto al secretario estaba el Martes, el peludo Gogol, cuya locura era más notoria. Después venía el Miércoles: un tal Marqués de San Eustaquio, figura harto característica. A primera vista, nada extraño se notaba en él, salvo que era el único a quien el traje elegante le sentaba como cosa propia. Llevaba una barbilla negra y cuadrada, a la francesa, y una levita negra y todavía más cuadrada, a la inglesa. Syme, muy sensible a tales encantos, pronto percibió que, en torno a este hombre, flotaba una atmósfera rica, tan rica que era sofocante, y que recordaba, quién sabe cómo, los olores soporíferos y las lámparas moribundas de los más tétricos poemas de Byron y de Poe. Al mismo tiempo, parecía que estuviera vestido con materiales no más ligeros, sino más suaves que los demás; el negro de su traje se dijera más denso y cálido que el de las sombras negras que le rodeaban, como si fuera el resultado de algún color vivo intensificado hasta el negro. Su levita negra semejaba negra a fuerza de ser púrpura intensa. Su barba negra negreaba a fuerza de ser azul. Y entre la espesura nebulosa de aquella barba, su boca rojo-oscura era desdeñosa y sensual. De seguro no era francés: acaso judío; tal vez procediera de mayores profundidades, en el profundo corazón del Oriente. En los abigarrados cuadros y mosaicos de Persia, que representan cacerías de tiranos, se ven esos ojos de almendra, esas azulosas barbas, esos crueles labios escarlata.

Syme ocupaba el otro asiento, y después de él venía un hombre muy viejo, el profesor de Worms, que aunque todavía ocupaba el lugar de Viernes, a diario temían que lo dejara vacante por defunción. Estaba en la más completa decadencia senil, a no ser por la inteligencia. Su rostro era tan gris como su larga barba gris; su frente se arrugaba en un surco de amable desesperación. En ninguno, ni siquiera en Gogol, el brillo del traje nupcial producía más penoso efecto de contraste. La flor roja de al solapa exageraba aún más la absoluta palidez plomiza de aquella cara, y el efecto era tan horrible como el de un cadáver vestido por unos dandies borrachos. Cuando se levantaba o se sentaba, lo cual lograba hacer con mucho trabajo y peligro, había en él algo peor que debilidad, algo inefablemente concertado con el horror de aquella escena: no era sólo decrepitud, era corrupción. Una idea abominable cruzó por la excitada mente de Syme: al menor movimiento, aquel muñeco iba a soltar una pierna o un brazo.

En el extremo de la mesa estaba el llamado Sábado: la figura más sencilla y desconcertante. Hombre pequeño, robusto, con una cara llena, oscura, afeitada: un médico llamado Bull. Tenía esa mezcla de desenvoltura y familiaridad cortés que no es raro encontrar en los médicos jóvenes. Llevaba el traje elegante con más confianza que seguridad, y una sonrisa congelada en la cara. Nada había en él notable, sino unos lentes negros y opacos. Tal vez la excitación nerviosa había ido en crescendo, pero ello es que a Syme le dieron miedo aquellos discos negros; le recordaron feas historias, semiolvidadas ya, sobre cierto cadáver en cuyos ojos habían incrustado unos peniques. No podía apartar la mirada de los vidrios negros de aquella máscara ciega. Al moribundo profesor, al pálido secretario, les hubieran sentado mejor. Pero en la cara de aquel hombre gordo y torpe eran un enigma, ocultaban de hecho la clave de la fisonomía. Ya no era posible saber lo que significaban aquella sonrisa y aquella gravedad. En parte por esto, y en parte porque su complexión revelaba una espesa virilidad de que carecían los otros, a Syme le pareció que aquél era el más perverso de la pandilla. Hasta se le figuró que se tapaba los ojos para encubrir su irresistible horror.

CAPÍTULO VI

EL ESPÍA DESCUBIERTO

Tales eran los seis sujetos que habían jurado la desaparición del mundo. Syme tuvo que esforzarse varias veces para no perder en su presencia el sentido común. A veces, se decía que su inquietud era subjetiva, que estaba entre hombres ordinarios: uno viejo, otro nerviosillo, el de más allá algo miope; pero siempre volvía a apoderarse de él ese sentimiento de simbolismo sobrenatural. Todas las figuras le parecían estar en el límite de las cosas, así como sus teorías anarquistas le parecían el último límite del pensamiento. Él sabía, en efecto, que todos aquellos hombres se encontraban, por decirlo así, en el punto extremo de algún razonamiento anómalo. Y pensaba, como en cierta vieja fábula, que un hombre que caminara siempre hacia Occidente hasta el fin del mundo, se encontraría con algún objeto —un árbol por ejemplo—, que fuera algo más o algo menos que un simple árbol: un árbol habitado por un espíritu; y, si caminara siempre hacia el Oriente hasta el fin del mundo, se encontraría algo que no fuera enteramente idéntico a sí mismo: por ejemplo, una torre cuya sola arquitectura fuera un pecado. Igualmente sus compañeros parecían destacarse, violentos e incomprensibles, sobre un horizonte último: visiones marginales de la vida, donde se tocan los términos del mundo.

La conversación había seguido su curso sin interrumpirse por su llegada; y no era el menor contraste, en aquel desconcertante almuerzo, el de la apariencia fácil y ligera de la conversación, y su terrible contenido real.

Estaban metidos nada menos que en la discusión del próximo complot. El camarero había dicho la verdad. Hablaban de bombas y monarcas. Dentro de tres días, decían, el Zar iba a encontrarse en París con el Presidente de la República Francesa. Y estos intachables caballeros, allí, desde su asoleado balcón, entre el jamón y los huevos, habían decidido matar a los dos poderosos. Hasta el instrumento estaba ya escogido: lanzaría la bomba el Marqués de las negras barbas.

En circunstancias normales, la proximidad de este crimen, positivo y objetivo, habría calmado a Syme, curándolo de todos sus místicos temores. No hubiera pensado más que en salvar a dos cuerpos humanos del hierro y de los gases rugientes que amenazaban destrozarlos. Pero la verdad es que Syme había comenzado a sentir algo como una sed de miedo, más penetrante y eficaz que todas sus repulsiones morales y responsabilidades sociales. Sencillamente, no temía por el Presidente o por el Zar: temía por sí mismo. Sus compañeros apenas se cuidaban de él, y discutían acerca de las caras con cierta expresión de gravedad. Por la cara del secretario cruzaba, a veces, aquella sonrisa singular, como relámpago por el cielo. Pero Syme advirtió algo que comenzó por turbarlo y acabó por aterrorizarlo: el Presidente no le quitaba la vista, y estaba examinándolo con extraño interés. El enorme hombre estaba inmóvil, pero los ojos se le salían de la cara, y aquellos ojos estaban fijos en Syme.

Syme se sintió tentado de saltar del balcón a la calle. Cada vez que el Presidente le clavaba los ojos, él se sentía más transparente que el vidrio, y no tenía la menor duda de que Domingo, de alguna manera silenciosa y extraordinaria, había descubierto al espía. Echó una mirada por la balaustrada del balcón y vio, precisamente debajo, a un guardia que consideraba, distraído, las rejas brillantes y los árboles llenos de sol de la plaza.

Y entonces se apoderó de él una gran tentación que había de atormentarlo por muchos días. En presencia de aquellos hombres poderosos y repulsivos, verdaderos príncipes de la anarquía, casi había olvidado la elegante y fantástica figura del poeta Gregory, que era solamente el estético de la anarquía. Al recordarlo, brotaba en él un impulso de cariño añejo, como si él y Gregory hubieran jugado juntos de niños. Pero recordó además que estaba ligado a Gregory por una sagrada promesa: la promesa de no hacer lo que precisamente estaba a punto de hacer: había prometido no saltar del balcón para llamar a la policía... Y retiró su helada mano de la fría balaustrada de piedra. Rodó su alma en el vértigo de la indecisión moral. No tenía más que romper la palabra temeraria que le comprometía con una sociedad de bandidos, y toda su vida quedaría tan amplia y asoleada como la plaza que estaba en frente. Por otra parte, si se mantenía fiel a las anticuadas leyes del honor, se veía poco a poco entregado a aquel gran enemigo de la humanidad, cuya misma fuerza intelectual lo convertía en una cámara de tortura. Cada vez que veía la plaza, le parecía ver en la policía una columna del sentido común, del orden común. Cada vez que veía la mesa del almuerzo, tropezaba de nuevo con el Presidente, siempre estudiándolo quietamente con sus grandes e irresistibles ojos.

Y en el torrente de sus pensamientos, nunca se le ocurrieron dos cosas: primero, nunca puso en duda que el Presidente y su Consejo podrían aplastarlo si se mantenía solo contra ellos. En una plaza pública, parecía imposible que se atrevieran contra él. Pero el Domingo no era hombre para aventurarse así, sin tener preparada, quién sabe dónde, y cómo, su trampa. Por el anónimo veneno, por un accidente callejero, por hipnotismo o mediante el fuego del infierno, el Domingo podía sin duda aniquilarlo. Si desafiaba a aquel enemigo, era hombre muerto, ya por muerte súbita en el mismo sitio en que se encontraba, o ya algún tiempo después como por efecto de alguna inocente dolencia. Si llamaba a la policía, los hacía arrestar, lo decía todo y movía contra ellos toda la fuerza de Inglaterra, es posible que lograra escapar. De otro modo, imposible. De suerte que en aquel balcón donde había unos caballeros mirando una plaza llena de gente, no se sentía más seguro que si se encontrara en un bote de piratas ante un mar desierto.

En segundo lugar, nunca se le ocurrió otra cosa: el ser ganado por el enemigo. Muchos hombres de ahora, habituados a admirar con toda su miseria la inteligencia y la fuerza, habrían vacilado en su lealtad, bajo el imperio de una personalidad tan poderosa. Habrían declarado que Domingo era el superhombre. Si tal criatura es concebible, nadie se le parecía más que el Domingo, en aquella su abstracción de terremoto, en aquel vago aire de estatua que se echa a andar. Merecía, en efecto, un nombre sobrehumano: los planos de su cuerpo eran vastos, demasiado obvios para ser perceptibles, y aquellas amplias facciones, demasiado francas para ser comprendidas. Pero Syme, ni en aquel extremo de abatimiento podía caer en esta debilidad moderna. Como cualquiera, podía tener miedo ante la fuerza, pero no tanto que la admirara.

Los anarquistas hablaban y comían. Y hasta en esto eran singulares. El Dr. Bull y el Marqués probaban de tiempo en tiempo, y convencionalmente, los mejores bocados: faisán frío, pastel de Estrasburgo. Pero el secretario era vegetariano, y hablaba con mucho calor del proyectado asesinato, entre una tajada de tomate y tres cuartos de vaso de agua tibia. El viejo profesor tomaba las sopas que convenían a su estado de segunda infancia. Y también aquí el Presidente Domingo conservaba su curiosa superioridad cuantitativa, porque comía como veinte, de un modo increíble, con tremenda virginidad de apetito, de un modo que hacía pensar en las fábricas de salchichas. Y tras de haber engullido una docena de bollos o apurado un cuarto de galón de café, se le veía otra vez con la cabezota inclinada, observando a Syme...

—Me estoy preguntando —dijo el Marqués, despachando una rebanada de pan con mantequilla— si no me vendría mejor usar del cuchillo. Muchos buenos golpes se han dado con cuchillo. Y sería una nueva emoción el meterle un cuchillo a un presidente francés, y revolver después el hierro en la herida.

—Se equivoca usted —dijo el secretario frunciendo las cejas—. El cuchillo es el arma de la antigua disputa personal con el tirano personal. La dinamita se esparce, y sólo mata porque se ensancha; asimismo el pensamiento que sólo destruye porque se difunde y ensancha. ¡El cerebro de un hombre es una bomba! —exclamó entregándose a su pasión y pegándose con violencia en el cráneo—. ¡Yo siento que mi cerebro es una bomba, a toda hora del día y de la noche! ¡Quiere estallar, quiere estallar! ¡El cerebro del hombre necesita estallar, aun cuando destruya el universo!

—No quisiera yo que el universo estallara ahora mismo —observó el Marqués subrayando las palabras—. Yo necesito hacer algunas atrocidades antes de morir. Ayer, nada menos, estando en cama, se me ocurrió una...

—No: el único fin de las cosas es la nada —dijo el Doctor Bull con su sonrisa de esfinge—. No vale la pena de hacer nada.

El viejo profesor, a todo esto, contemplaba, absorto, el cielo raso.

—Todos sabemos que, en el fondo, no vale la pena de hacer nada —dijo.

Y hubo un silencio singular, que el secretario cortó abruptamente.

—Nos alejamos de la cuestión. Se trata de saber cómo ha de dar el golpe el Miércoles. Supongo que todos estamos de acuerdo en el punto original de la bomba. En cuanto a lo demás, yo propongo que mañana por la mañana Miércoles se dirija a...

El discurso fue interrumpido por una sombra que envolvió a todos. Era el Presidente que acababa de levantarse y parecía cubrir el cielo.

—Antes de discutir eso —dijo con un tono de voz suave y tranquilo— pasemos a un cuarto reservado. Tengo que hacer una comunicación importante.

Syme fue el primero en ponerse de pie. En el momento de decidirse: la pistola estaba sobre su sien; en la calle oyó al guardia que daba fuertes pisadas para entrar en calor, porque la mañana, aunque luminosa, era fría.

Un organillo se soltó tocando una tonada jovial. Syme se irguió como si oyera el clarín de la batalla. Se sentía lleno de valor sobrenatural, quién sabe por qué. En aquella alegre música, parecían flotar la vivacidad, la vulgaridad, el valor irracional de los pobres que, en las sucias calles de Londres, viven de la caridad y de las virtudes cristianas. Syme se había olvidado de la juvenil travesura que hizo al meterse en la policía: no pensaba ya en ser el representante de una asociación de "gentlemen" que jugaban a ser guardias, ni se acordaba del viejo excéntrico que vivía encerrado en su cuarto oscuro. Sino que se sentía como embajador de toda esa gente de la calle, que todos los días marcha al combate al son del organillo; y el alto orgullo de ser humano lo levantaba a una inmensa altura, sobre aquellos seres monstruosos que le rodeaban. Por un instante, contempló desdeñosamente sus absurdas singularidades, desde el pináculo sideral del lugar común. Sintió que tenía sobre ellos la superioridad inconsciente y elemental que experimenta el hombre valeroso ante el poder de las bestias, o el sabio ante el poder del error. Harto sabía él que no contaba con la energía física e intelectual del Presidente Domingo; pero en este momento su inferioridad le pareció cosa tan natural como el no tener los músculos del tigre o un cuerno en la nariz a la manera del rinoceronte. Todo desaparecía ante la certeza definitiva de que el Presidente estaba equivocado, y el organillo tenía razón. Y sonó en su mente aquella verdad irrefutable y terrible del canto de Rolando:

Païens ont tort et Chrétiens ont droit,

que en el antiguo francés nasal resuena como un ruido de armas. Esta liberación de su espíritu, al arrojar el peso de su debilidad, suscitó en él una franca resolución de afrontar la muerte. Como la gente vulgar del organillo, él también sabía cumplir sus obligaciones. Y el orgullo de mantener su palabra era mayor, por lo mismo que había empeñado su palabra a los descreídos. Su triunfo definitivo sobre aquellos fanáticos estaría en penetrar al cuarto privado, y morir por una causa que ellos ni siquiera entendían. Y el organillo entonaba la marcha con la energía y los ruidos mezclados de una orquesta; y Syme creía escuchar, bajo el tañido del cobre que canta el orgullo de la vida, el redoble profundo de los tambores que dicen la gloria de la muerte.

Ya los conspiradores se alejaban, pasando por la puertaventana a los cuartos próximos. Syme pasó el último, extraordinariamente sereno, pero su sangre y sus sienes latían con un ritmo romántico. El Presidente los condujo por una escalerilla lateral que parecía destinada al servicio, hasta una sala penumbrosa, fría y solitaria, donde había una mesa y unos bancos, y que tenía traza de comedor abandonado. Una vez todos adentro, el Presidente echó la llave.

Gogol habló el primero, hombre irreconciliable que parecía hervir en furores irreconciliables.

—¡Anta! ¡Anta! —exclamó con un extraordinario ardor, que hacía casi incomprensible su marcado acento polaco—. ¡Y ticen que no se esconden! Ticen que se tejen fer. No es fertat. Para las cosas importantes, encerratos en un cuarto oscuro.

El Presidente acogió la incoherente sátira del extranjero con muy buen humor.

—Todavía no puede usted entenderlo, Gogol —dijo con tono paternal—. Una vez que la gente nos ha oído decir tonterías en el balcón, ya no se cuida de saber dónde estamos. Si hubiéramos comenzado por venir aquí, toda la servidumbre hubiera venido a escuchar por el agujero de la llave. Parece que no conociera usted a los hombres.

—¡Me muero por ellos! —gritó el polonés—. ¡Mato a sus opresores! Pero no me custan las escontitillas. Yo quiero matar al tirano en la plaza pública.

—Ya lo entiendo, ya —dijo el presidente asintiendo bondadosamente, al tiempo de sentarse en la cabecera de la mesa—. Usted comienza por morirse por la humanidad, y después va usted y mata a sus opresores. Perfectamente. Y ahora permítame usted que le pida morigerar sus hermosos sentimientos, y sentarse a la mesa en compañía de estos caballeros. Por primera vez en esta mañana van ustedes a oír algunas palabras sensatas.

Syme, con la presteza anormal que venía mostrando desde el principio, se sentó al instante. El último en sentarse fue Gogol, siempre gruñendo entre sus barbas y hablando mal de "antarse con gombromisos". Nadie, con excepción de Syme, parecía sospechar lo que iba a suceder. En cuanto a éste, se sentía en el ánimo del hombre que sube al cadalso dispuesto a decir un buen discurso.

—Camaradas —dijo el Presidente levantándose—. Mucho ha durado ya la farsa. Os he traído aquí para deciros algo a la vez tan sencillo y tan extraño, que hasta los criados del café, tan acostumbrados como están a nuestras salidas, habrían advertido en mi voz un nuevo matiz de gravedad. Camaradas, hemos estado discutiendo planes y nombrando lugares. Propongo, antes de pasar adelante, que estos planes y lugares no sean votados aquí, sino que queden bajo la decisión de un miembro del consejo que merezca la confianza de todos. Propongo al camarada Sábado: al Dr. Bull.

Las miradas se dirigieron a éste. Después, todos saltaron en sus asientos, porque las siguientes palabras del Domingo, aunque no las pronunció en voz alta, tenían un énfasis vivo y sensacional. El Domingo dio un puñetazo en la mesa.

—Que en esta reunión no se diga una palabra más sobre planes y lugares. Ni el más insignificante detalle sobre lo que vamos a hacer debe traslucirse ya entre nosotros.

Aunque el Domingo se había pasado la vida asombrando a sus compañeros, se dijera que nunca hasta hoy lo había logrado de veras. Con excepción de Syme, todos se agitaban febrilmente en sus bancos. Éste se mantenía inmóvil, la mano en el bolsillo, y empuñando su revólver cargado. Estaba dispuesto a vender cara su vida, llegado el caso. Al fin sabría si el Presidente era o no mortal.

El Domingo continuó con la misma voz:

—Ya comprenderéis que sólo hay un motivo para prohibir la libertad de hablar en este festival de la libertad. No importa que los extraños nos oigan. Para ellos somos unos guasones. Pero lo que tiene una importancia enorme es que entre nosotros sé encuentra uno que no es de los nuestros, que conoce nuestros graves propósitos, pero .que no comparte nuestras convicciones; uno que...

El secretario lanzó un grito como de mujer.

—¡Imposible! —exclamó incorporándose— ¡no puede ser!

El Presidente dio sobre la mesa con su manaza, semejante a la aleta de un enorme pescado.

—Sí —dijo lentamente—. En este cuarto hay un espía; en esta mesa hay un traidor. No he de gastar palabras. Su nombre...

Syme medio se levantó del asiento, con el dedo sobre el llamador del revólver.

—Su nombre es Gogol —dijo el Presidente—. Ese peludo charlatán que pretende hacerse pasar por polaco. Gogol saltó sobre sus pies con una pistola en cada mano. Al mismo tiempo, tres hombres le saltaron al cuello. Hasta el profesor hizo un esfuerzo para incorporarse. Pero Syme apenas vio todo esto, porque una oscuridad benéfica lo había cegado, y se dejó caer en su asiento estremeciéndose, en un paroxismo de alivio.

CAPÍTULO VII

LA INEXPLICABLE CONDUCTA DEL PROFESOR DE WORMS

— ¡Sentarse! —gritó Domingo con una voz que pocas veces dejaba oír, una voz que hacía caer de las manos las espadas.

Los tres que se habían levantado soltaron a Gogol, y el equívoco personaje reasumió su asiento.

—Bien, señor mío —dijo con presteza el Presidente, como si se dirigiera a un desconocido—. ¿Quiere usted hacerme el favor de enseñarme lo que lleva en el bolsillo del chaleco?

El pretendido polaco estaba algo pálido, bajo la maraña negra de sus cabellos; pero afectando tranquilidad, metió dos dedos en el bolsillo indicado, y sacó una tarjetita azul. Al verla sobre la mesa, Syme recobró el sentido del mundo exterior. Porque, aunque la tarjeta estaba en el otro extremo de la mesa y no podía leer su inscripción, era idéntica a la que él mismo llevaba, a la que le habían dado cuando ingresó en la cuadrilla antianarquista.

—Patético eslavo —dijo el Presidente—, trágico hijo de Polonia ¿se atrevería usted, ante esta tarjeta, a negar que está usted, por decirlo así, de sobra en nuestra tertulia?

—No señor —dijo el antes Gogol. Y todos se sorprendieron de oír salir, por entre aquel bosque de extranjero pelamen, una voz clara, comercial y hasta "cockney", de bajo pueblo londinense. Era tan absurdo como oír a un chino hablar de pronto en inglés con el acento de Escocia.

—Comprendo que usted se da cuenta de su situación —dijo el Domingo.

—Usted lo ha dicho —replicó el falso polaco—; ya veo que es un poco desairada. Y sólo mantengo que ningún polaco es capaz de imitar mi acento como yo he imitado el suyo.

—Concedido —dijo el Domingo—. Creo en efecto que el acento de usted es inimitable, y aun confieso que en vano he tratado de remedarlo a la hora de mi baño. ¿Tendría usted inconveniente en dejarme sus barbas con su tarjeta?

—Ninguno —contestó Gogol; y con un dedo se arrancó toda su envoltura peluda, descubriendo unos ralos cabellos rubios en una cara pálida y descocada—. Esto es sofocante —añadió.

—Le hago a usted la justicia de confesar —observó Domingo con cierta brutal admiración— que usted, sin embargo, ha sabido conservar su sangre fría debajo de esa envoltura. Y ahora, óigame usted: me gusta usted. Esto quiere decir que si supiera yo que ha muerto usted en el tormento, me sentiría molesto por espacio de dos minutos y medio. Pues bien: si usted descubre algún día a la policía o a cualquiera persona la menor cosa que nos incumba, tendré esos dos minutos y medio de molestia. Y de la molestia que usted tendrá no hay para qué hablar. Pase usted muy buenos días. Y cuidado con la escalera.

El blondo detective que se escondía bajo la máscara de Gogol, se levantó y salió del cuarto con un aire de completa indiferencia. Sin embargo, el asombrado Syme comprendió que esta indiferencia era afectada, porque un tropezón al salvar la puerta dio clara señal de que el detective no pensaba en la escalera.

—¡Cómo pasa el tiempo! —dijo alegremente Domingo echando un vistazo a su reloj, que como todas sus cosas parecía de tamaño más que natural—. Tengo que irme; tengo que presidir una reunión humanitaria.

El secretario se volvió hacia él con ceño adusto:

—¿Y no sería mejor —dijo con cierta sequedad— discutir los detalles de nuestro proyecto, ahora que estamos sin el espía?

—Creo que no —dijo el Presidente con un bostezo que parecía un terremoto. Dejémoslo en tal estado. Que lo arregle el Sábado. Yo tengo que irme. Almorzaremos aquí el domingo próximo.

Pero la dramática escena había fustigado los nervios casi desnudos del secretario. Era uno de esos hombres concienzudos hasta en el crimen.

—Me veo obligado a protestar, Presidente, esto es una irregularidad —dijo—. Es una regla fundamental de la Sociedad el discutir todos los planes en pleno consejo. Cuando estaba aquí el traidor, comprendo que usted dijera...

—Secretario —interrumpió el Presidente con gravedad—. Si usted hubiera hecho hervir su cabeza en casa como un nabo, puede que sirviera para algo. No estoy seguro, pero pudiera ser...

El secretario retrocedió con furor equino.

—Verdaderamente —empezó a decir muy ofendido— no comprendo...

—Eso es, eso es —le interrumpió el Presidente moviendo la cabeza—; usted no comprende, usted no comprende nunca. Diga usted, asno entre los asnos —gritó poniéndose de pie—, usted no quiere que le oigan los espías ¿no es verdad? ¿Y quién le asegura a usted que ahora mismo no le están oyendo?

Y con esta palabras, se encogió de hombros desdeñosamente y salió del cuarto.

Los otros cuatro se quedaron viéndolo boquiabiertos, sin entenderle. Sólo Syme sabía a qué atenerse, y un frío le corrió por los huesos. Si algo quería dar a entender el Presidente, es que había sospechado de Syme, que no podía denunciarlo como a Gogol, pero que tampoco se fiaba de él.

Los otros se levantaron gruñendo, para tomar el lunch en cualquier parte, porque ya empezaba a hacerse tarde. El Profesor se levantó muy despacio y con mucho trabajo. Syme se quedó un rato solo, meditando en su extraña situación; se había escapado del rayo, pero aún no se disipaba la nube. Al fin se decidió a salir a la plaza de Leicester.

El día luminoso se había ido enfriando más cada vez, y cuando Syme salió a la calle le sorprendieron los copos de nieve. Llevaba consigo el bastón de alma de acero, y el resto del equipaje de Gregory; pero quién sabe dónde se había dejado la capa, tal vez en el barco o en el balcón. Esperando que pasara la racha, se refugió un momento en la puerta de una modesta peluquería, en cuyo escaparate no se veía más que una enfermiza muñeca de cera con traje descotado.

La nieve arreciaba. Syme, a quien el aspecto de la muñeca causaba una impresión deprimente, dirigió la mirada hacia la calle blanca y desierta. Con gran asombro, vio que un hombre contemplaba atentamente el escaparate. Su chistera estaba blanca de nieve como la de San Nicolás, y la nieve se había amontonado sobre sus botas hasta los tobillos; pero él no hacía caso, absorto en la contemplación de la descolorida y triste muñeca. Semejante contemplación, y con un tiempo como aquél, justificaba el asombro de Syme; pero el vago asombro se transformó en sorpresa personal, al descubrir que aquel hombre era nada menos que el anciano y paralítico Profesor de Worms. ¡Parecía imposible, a sus años y con sus achaques!...

A Syme no le extrañaba, en aquella cofradía inhumana, encontrar las peores perversiones; con todo, se resistía a admitir que el Profesor se hubiera enamorado de aquella muñeca de cera. Más bien empezó a figurarse que su enfermedad —fuese la que fuese— le causaba raptos momentáneos de éxtasis o de rigidez, a pesar de lo cual no pudo sentir compasión. Al contrario, se felicitó de que la catalepsia y el andar dificultoso del Profesor le permitieran escapar de él y dejarlo varias millas atrás. Porque Syme tenía una verdadera sed de librarse ya de aquella atmósfera ponzoñosa, aunque sólo fuera una hora. Lo necesitaba para reflexionar, trazarse su política, y decidir finalmente si había de mantener o no la palabra empeñada a Gregory.

Arrojóse, pues, entre los danzarines copos de nieve, dobló la esquina dos o tres veces para allá y otras tantas para acá, y entró en una fondita de Soho con ánimo de tomar el lunch. Siempre reflexionando, comió unos cuatro platos ligeros, apuró media botella de tinto, y acabó con el café y el cigarro, sin dejar su aire meditabundo. Se encontraba en la sala alta de la fonda, llena del tintineo de los cubiertos y el rumor de la charla en lengua extranjera. Recordó que en otro tiempo, se le figuraba que todos esos extranjeros, amables e inofensivos, eran anarquistas. Y se estremeció recordando a los anarquistas verdaderos. Pero en aquel estremecimiento había la placentera emoción de la escapatoria. El vino, el alimento común y corriente, el sitio familiar, los rostros de hombres naturales y "conversables", todo le hacía pensar en el consejo de los Siete Días como en un sueño fugitivo. Harto sabía que aquello era una realidad; pero, al menos, estaba lejos. Altísimas casas y populosas calles lo dividían del último de aquellos seres abominables: sentíase libre en la libre Londres, bebiendo su vino entre los libres. Con desparpajo requirió el sombrero y bastón, y bajó por la escalerilla a la sala inferior.

Al entrar en esta sala, sintió que los pies se le pegaban al suelo. Allí, en una mesita arrinconada justo a la opaca ventana que daba sobre la calle cubierta de nieve, estaba instalado el viejo Profesor anarquista, frente a un vaso de leche, con su cara lívida y sus párpados entrecerrados. Syme se quedó tan tieso como su bastón. Y después, fingiendo mucha prisa, pasó rozando al Profesor, empujó la puerta y la cerró con estrépito, y se metió en la nieve. —¿Será posible que me ande siguiendo este cadáver? —se dijo mordiéndose con rabia el bigote—. Sin duda me he entretenido aquí tanto tiempo que hasta este cojirrengo logró darme alcance. Por fortuna con sólo apresurarme un poco puedo ponerme tan lejos de él como de aquí a Tombuctú. ¿Estaré viendo visiones? A lo mejor el pobre hombre no viene siguiéndome, El Domingo no había de ser tan torpe que me hiciera seguir por un lisiado.

Morigeró su marcha, jugó el bastón entre los dedos, y tomó rumbo al Covent Garden. Al atravesar el inmenso mercado, nevaba furiosamente, y el día se había oscurecido como si empezara a anochecer. Los copos de nieve lo atormentaban como un enjambre de abejas de plata. Se le metían por la barba, le pinchaban los ojos, añadiendo su incomodidad a la sobreexcitación de sus nervios. Cuando, con paso vacilante, alcanzó la entrada de Fleet Street, ya había perdido la paciencia: encontró abierto un restaurante de té dominical, y se refugió allí. Pidió, para justificar su presencia, una taza de café solo. Pero apenas acababa de pedirlo, cuando el Profesor de Worms entró cojeando penosamente, se sentó con mucho trabajo y pidió un vaso de leche.

A Syme se le cayó el bastón, produciendo un ruido metálico que acusaba la presencia del verduguillo. Pero el Profesor no levantó la vista. Syme, que de ordinario era hombre tranquilo, se le quedó mirando con el asombro con que el rústico ve una suerte de magia. Estaba seguro de que no le había seguido ningún coche; ningún ruido de ruedas se había oído a la puerta del restaurante; según toda apariencia, aquel hombre había venido a pie.

¡Pero si aquel hombre no andaba más que un caracol, y Syme había volado más que el viento! Se levantó a recoger su bastón enloquecido por aquella contradicción aritmética, y salió empujando las puertas de resorte sin probar el café. En este instante pasaba un ómnibus hacia el Banco a toda rapidez; tuvo que correr para alcanzarlo, pero logró saltar al estribo. Allí se detuvo un instante para tomar resuello, después trepó a la imperial. Haría medio minuto que estaba sentado, cuando le pareció oír detrás una respiración pesada y asmática.

Volvióse rápidamente, y vio aparecer, poco a poco, por la escalerilla del ómnibus, un sombrero lleno de nieve y, a la sombra del ala, la cara miope y los hombros vacilantes del Profesor Worms. Ocupó un asiento con gran cuidado, y se arrebujó en su capa hasta la barba.

Todos los movimientos de aquel cuerpo tambaleante y aquellas manos temblorosas, los ademanes inciertos y las pausas pánicas, hacían indudable que aquel hombre estaba perdido, sumido en la mayor imbecilidad física. Se movía por pulgadas, se tumbaba en el asiento con infinitas precauciones. Y sin embargo, a no ser un mito las entidades filosóficas llamadas tiempo y espacio, era indudable que aquel hombre había corrido para alcanzar el ómnibus.

Syme se levantó, y tras de echar una mirada implorante al cielo de invierno, que se oscurecía por momentos, bajó la escalerilla. Trabajo le costó gobernar su cuerpo que quería arrojarse desde lo alto del coche.

Sin darse cuenta de lo que hacía, sin volver la vista, lanzóse por una de las callejuelas que desembocan en Fleet Street como liebre en la madriguera. Pensaba vagamente que si este incomprensible y valetudinario Juan de las Viñas se había propuesto perseguirlo, pronto le perdería de vista en aquel laberinto de callecitas, y estuvo entrando y saliendo por aquel enredijo que más que de vías públicas parecía de hendiduras y rendijas; y cuando había completado veinte ángulos alternantes y dibujado un inconcebible polígono, se detuvo a escuchar. Nadie le seguía, no se oía ruido alguno. Verdad es que el espesor de la nieve apagaba el ruido de las pisadas. Al pasar por Red Lion Court, advirtió un sitio donde algún enérgico transeúnte había aplastado la nieve, dejando al descubierto las piedras húmedas y lucientes por un espacio de varios metros. No le llamó la atención y se metió por otra calleja del laberinto. Pero habiéndose detenido a escuchar de nuevo unos cien pasos más allá, sintió que también su corazón se paraba, porque del sitio donde habían quedado las piedras desnudadas le llegó claramente el ruido de la muleta metálica y los pies del cojo infernal. El cielo obscurecido de nubes sumergía a Londres en una oscuridad y una opresión excesivas para la hora que era. A uno y otro lado de Syme, corrían unos muros lisos, sin fisonomía; no había ventanas ni agujeros; sintió un nuevo impulso de escapar de aquella colmena de casas y salir otra vez a las avenidas iluminadas. Pero, antes de ganar la arteria principal, todavía anduvo un rato de aquí para allá. El resultado es que salió a la calle abierta mucho más lejos de lo que se figuraba, por la desierta anchura de Ludgate Circus, de donde se veía la catedral de San Pablo como asentada en los cielos.

Admiróse de encontrar el sitio tan desierto, como si la peste hubiera barrido la población. Pronto cayó en la cuenta de que aquella soledad era explicable, primero porque la nevada era todavía intensísima, y además porque era domingo. Cuando la palabra "domingo" cruzó su mente, se mordió los labios. Ya para él aquella palabra era un retruécano infernal.

Bajo la nebulosidad de la nieve que se perdía en los cielos, la ciudad parecía sumergida en un reflejo verdoso y como submarino. El crepúsculo escondido y hosco se adivinaba tras la cúpula de San Pablo, entre colores ahumados y siniestros: verde enfermizo, rojo moribundo, bronce desfalleciente, lo bastante vivo sin embargo para acentuar la blancura inmensa de la nieve. Y sobre esos temerosos colores, se destacaba el bulto sombrío de la catedral, en cuyo vértice brillaba una mancha de nieve, colgando como de un pico alpestre.

Al escurrir, la nieve había revestido el domo de arriba abajo, argentando completamente el globo y la cruz. Al ver esto, Syme sintió que recobraba el valor, e hizo, involuntariamente, un saludo militar con el bastón.

Sabía que el maldito viejo, convertido en sombra, lo seguía cojeando más o menos de prisa, pero ya no hizo caso. Mientras se oscurecían los cielos, aquel punto eminente de la tierra parecía dar luz —verdadero símbolo de fe. Si los demonios se habían apoderado del cielo, aún no capturaban la cruz. Y Syme sintió impulsos de arrancar su secreto a aquel perseguidor paralítico, danzarín y saltón a un tiempo. A la entrada de la plaza, donde ésta se abre sobre el Circo, se detuvo, bastón en mano, dispuesto a afrontar al enemigo.

El Profesor de Worms dobló lentamente la esquina de la calle irregular que había venido siguiendo, y su estampa grotesca, revelada a la luz de un solitario farolillo de gas, hizo recordar involuntariamente aquellos versos que cantan a los nenes:

The crooked man who went a crooked mile *

Y en verdad, parecía que estaba torcido por efecto de las tortuosas calles que recorría. Acercábase con lentitud, y la luz se reflejaba en sus espejuelos e iluminaba su cara paciente. Syme lo esperaba como San Jorge al Dragón, como quien aguarda una explicación final o la muerte. Y el viejo Profesor vino hacia él, y junto a él pasó como si no lo reconociera, sin un pestañeo.

Esta silenciosa y afectada inocencia exasperó a Syme. La cara descolorida, el aire de aquel hombre, eran para convencer de que aquella persecución había sido una coincidencia desgraciada. Syme se quedó como galvanizado por una fuerza mezcla de rabia y burla pueril. Hizo el ademán de tumbarle el sombrero al viejo, y gritando algo como "alcánzame si puedes", echó a correr a través del Circo blanco y espacioso. Ya no era posible ocultarse. Volvió la vista, y vio la silueta negra del viejo, que le perseguía con largas zancadas como si tratara de jugar carreras. No obstante esto, la cara se mantenía pálida, grave, profesional, como una cara de conferenciante injerta en un cuerpo de Arlequín.

Esta ridícula cacería duró a través del Circo de Ludgate, y continuó por la Colina de Ludgate, en torno a la Catedral de San Pablo, a lo largo de Cheapside; y Syme, entretanto, creía recordar todas las pesadillas que había tenido en su vida.

Al fin salió hacia el muelle, y se detuvo junto a los Docks. Cerca veíanse los cristales amarillos de un café iluminado; Syme entró y pidió un vaso de cerveza. El sitio resultó ser una confusa taberna, atestada de marineros extranjeros, donde bien podía haber fumadero de opio y ocasión de desnudar las navajas.

Un instante después, el Profesor de Worms entraba también, se sentaba cuidadosamente y pedía un vasito de leche.

---

* El hombre torcido que anduvo una milla torcida.

CAPÍTULO VIII

EL PROFESOR SE EXPLICA

Cuando Gabriel Syme se encontró instalado en su silla y vio frente a él al Profesor de las espesas cejas y los párpados caídos, otra vez sintió miedo. Era, pues, seguro que este sujeto incomprensible lo perseguía desde el momento de dejar el Consejo. El contraste entre su estado paralítico y su aptitud para seguir una pista lo hacía más interesante pero no más tranquilizador. Poco consolador sería que Syme no lograra sorprender el misterio de aquel hombre, mientras que aquél le arrancaba el suyo. Syme acabó con su jarro de cerveza antes de que el Profesor probase la leche.

Quedaba una probabilidad de esperanza, pero también era desesperada. Todavía pudiera ser que aquella persecución no significara sospecha alguna; que fuese un rito o signo convencional; tal vez aquella loca carrera era una advertencia amistosa que él no sabía entender; algo convencional en suma. Quizá era de reglamento cazar al Jueves a lo largo de Cheapside, como de costumbre escoltar por allí al Lord Mayor recién nombrado. Y se disponía a averiguarlo con maña, cuando el viejo Profesor lo abordó inesperadamente y con sencillez. Antes de que Syme hubiera propuesto su primer pregunta diplomática, ya el viejo anarquista, sin andarse con rodeos, había disparado la siguiente:

—¿Es usted policía?

Todo lo esperaba Syme, menos un ataque tan brutal y directo. A pesar de toda su presencia de ánimo, apenas pudo contestar afectando una locuacidad risueña.

—¿Policía? —y trató de reír—. ¿Y qué me encuentra a mí de policía?

—Muy sencillo —dijo el Profesor tranquilamente— me pareció que era usted policía, y me lo sigue pareciendo.

—¿Me habré puesto un casco de policía por descuido, al salir del café? —preguntó Syme esforzándose por sonreír—. ¿Llevo por casualidad algún número en el traje? ¿Tienen aire policíaco mis botas? ¿Qué tengo de policía? ¿No le parezco a usted más bien un empleado de correos?

El Profesor sacudió la cabeza con aire convencido; pero Syme continuó con ironía febril:

—Tal vez yo no alcanzo la sutileza de su filosofía germánica. Tal vez "policía" sea en labios de usted un término relativo. En un sentido evolucionista, puede decirse que el mono se transforma en policía por una gradación tan inefable que bien pudiera escapárseme el matiz. El mono es, así, un policía potencial. Y la vieja solterona de Chaplam Common es un policía que pudo haber sido. Pues bien: en este sentido, es posible que sea un policía fracasado; posible es que sea cualquier cosa para la filosofía alemana.

—¿Está usted al servicio de la policía, —dijo el anciano, sin hacer caso de las burlas tan improvisadas como desesperadas de Syme—. ¿Es usted detective?

A Syme se le paralizó el corazón, pero su fisonomía siguió inalterable.

—La suposición de usted es ridícula —empezó—. ¿Cómo diablos...

El viejo descargó tal puñetazo en la raquítica mesa que estuvo a punto de romperla.

—Creo que me ha oído usted preguntar claro, monigote de espía —aulló con voz alocada—. ¿Es usted, si o no, detective, al servicio de la policía?

—¡No! —contestó Syme, como el que está a punto de ser colgado.

—¡Júrelo, júrelo! ¿Acepta usted condenarse si jura en vano? Si jura usted en vano, ¿quiere usted que el diablo baile en sus funerales? ¿que la sombra envuelva su sepulcro? ¿Quiere usted decir la verdad? ¡Usted anarquista! ¡Usted dinamitero! ¿No es usted, en ningún sentido de la palabra agente de policía? ¿No está afiliado a la policía británica?

Y diciendo esto, se echó hacia adelante sobre la mesa, y apoyándose en el codo, hizo de la mano una bocina y la aplicó al oído.

—No pertenezco a la policía británica —dijo Syme con fúnebre calma.

El Profesor de Worms se dejó caer en el banco con un curiosísimo gesto de cortés desesperación:

—¡Pues es una lástima! —exclamó—. Porque yo sí pertenezco a la policía.

Syme se puso en pie de un salto, derribando cuidadosamente el banco en que estaba sentado.

—¿Porque usted pertenece a qué? —dijo con espesa voz—. ¿Pertenece a qué?

—Que soy de la policía —insistió el Profesor sonriendo por primera vez, mientras que sus ojos centelleaban detrás de los espejuelos—. Pero como usted opina que la palabra "policía" es un término relativo, no quiero nada con usted. Yo pertenezco al servicio de la policía inglesa, pero como usted me dice que no es ése su caso, a mí sólo me toca hacer notar que me lo he encontrado a usted en un club de dinamiteros. Creo que estoy en el deber de arrestarlo.

Y, dicho esto, puso sobre la mesa, ante los ojos de Syme, un exacto facsímil de la tarjeta azul que Syme llevaba en el bolsillo del chaleco—, símbolo de su poder policíaco.

Syme tuvo por un instante la impresión de que el cosmos se había vuelto del revés, de que los árboles estaban creciendo para abajo, y bajo sus pies lucían las estrellas. Paulatinamente, a esta impresión sucedió otra diametralmente opuesta: en efecto, durante las últimas veinticuatro horas, el universo había estado del revés, y apenas en este momento parecía enderezarse. ¿De suerte que aquel dominio de quien había venido huyendo, y que ahora se burlaba de él, desde el asiento de enfrente, no era más que un hermano mayor de su familia? No preguntó nada; se conformó con la alegría increíble de saber que aquella sombra que le había venido acosando, con la intolerable opresión del peligro, era simplemente la sombra de un amigo empeñado en identificarlo. A un mismo tiempo se sintió libre y se confesó que era un necio, porque siempre hay un sentimiento de admiración en estas emociones de alivio. En estas circunstancias sólo hay lugar a tres cosas: primero, al orgullo satánico; segundo, a las lágrimas, y tercero, a la risa.

El egoísmo de Syme se entregó al primer sentimiento unos cuantos segundos, y después dio un salto al tercero. Sacando entonces del bolsillo del chaleco su tarjeta de policía, la arrojó sobre la mesa y, echando hacia atrás la cabeza, de modo que su barba rubia casi apuntaba al techo, disparó una carcajada brutal.

Aun en aquel oscuro rincón, siempre poblado por el estrépito de los cuchillos, platos, latas de conservas, voces clamorosas, rumores de lucha y de fuga, la alegría de Syme resonó de un modo tan homérico que se le quedaron mirando los parroquianos medio borrachos.

—¿De qué se ríe usted, caballero? —preguntó asombrado un cargador del muelle.

—De mí mismo —contestó Syme, entregándose de nuevo al éxtasis agónico de su reacción.

—Domínese usted —advirtió el Profesor— o se va usted a poner histérico. Pida más cerveza, yo le acompañaré.

—Aún no se ha bebido usted su leche —observó Syme.

—¡Mi leche! —repuso el otro con impenetrable y desmayado desdén— ¡mi leche! ¿Se figura usted que me dedico yo a estos menjurjes cuando no me ven los sanguinarios anarquistas? En esta sala todos somos cristianos ... —y echando una mirada a los ebrios que les rodeaban— aunque tal vez no muy estrictos. ¿Conque acabarme mi leche? ¡Qué diablo, sí! Ya verá como voy a acabar con ella.

Y, rompiendo el vaso sobre la mesa, hizo correr un charco de líquida plata.

Syme lo miraba sorprendido y encantado.

—Ahora lo entiendo —exclamó—, usted no es viejo.

—Aquí no puedo cambiar de cara —repuso el Profesor de Worms—. Es algo complicado el disfraz. Si soy viejo, no seré yo quien lo diga: tengo treinta y ocho cumplidos.

—Bien está —dijo Syme con impaciencia—, pero quiero decir que no está usted enfermo de nada.

—Sí —dijo el otro con flema—, soy propenso a coger uno que otro catarro.

La risa de Syme tenía toda la emoción de un desahogo. Se reía de pensar que el paralítico profesor no era más que un actor joven disfrazado como para salir a escena. Y sentía, a la vez, que su risa era la misma risa que puede provocar un tarro de mostaza volcado sobre la mesa.

El falso profesor apuró la cerveza y, acariciando sus falsas barbas, interrogó:

—¿Sabía usted que Gogol era de los nuestros?

—¿Yo? No por cierto —dijo Syme sorprendido—. ¿Acaso lo sabía usted?

—¡Qué había yo de saber! —replicó el llamado Worms— ¡Si yo creía que el Presidente se refería a mí, y estaba temblando de pies a cabeza!

—¡Y yo creía que a mí! —completó Syme, mientras seguía derrochando su risa—. Y no apartaba la mano del revólver.

—Lo mismo yo —dijo el Profesor agitado—. Y yo creo que Gogol hacía lo mismo. Syme lanzó una exclamación, dio un golpe en la mesa:

—¡Y pensar que éramos tres! Tres de donde hay siete es buen número de combate. ¡Si hubiéramos sabido que éramos tres!...

El Profesor de Worms, contestó, sombrío, sin alzar la vista:

—Tres éramos; y trescientos que hubiéramos sido daba igual.

—¿Igual, de haber sido trescientos contra cuatro? — preguntó Syme con jactancia.

—Igual —repuso sombríamente el Profesor—. Ni trescientos valen contra el Domingo.

Esta sola palabra puso a Syme serio y desanimado. Antes de morir en sus labios, la risa se le murió en el corazón. La inolvidable cara del Presidente se le representó al instante como en una fotografía en colores; y advirtió que, entre el Domingo y sus satélites, había una diferencia esencial: mientras que las caras de éstos, por feroces o siniestras que fuesen, parecían irse desvaneciendo en el recuerdo como las de todos los hombres, la del Domingo parecía fijarse más con la ausencia, a modo de un retrato que fuera transformándose en un ser vivo. Permanecieron silenciosos unos instantes, después de los cuales Syme lanzó estas palabras como un espumarajo de Champaña:

—¡Profesor, es intolerable! ¿Le tiene usted miedo a ese hombre?

El Profesor levantó sus pesados párpados y, dirigiendo a Syme una mirada franca, azul, llena de una honradez casi etérea, contestó con dulzura:

—Sí, le tengo miedo. Y usted también.

Syme permaneció mudo un instante. Y levantándose después cuan largo era, como hombre injuriado, arrojó el asiento y dijo con voz indescriptible:

—Sí, tiene usted razón, le tengo miedo. No obstante esto, juro a Dios que he de buscar a ese hombre a quien temo hasta no dar con él y romperle la boca. Si el cielo mismo fuera su trono y la tierra su escabel, juro que he de arrancarlo de allí.

Y el Profesor, asombrado:

—¿Y cómo? ¿Para qué?

—Porque le tengo miedo. Y el hombre no debe consentir que en el Universo subsista lo que le causa temor.

De Worms contemplaba absorto. Quiso hablar, pero Syme le interrumpió con sorda y exaltada voz:

—¿Quién había de permitirse atacar al ser que no le asusta? ¿Cómo rebajarse al papel del simple bravucón, como cualquier luchador alquilado? ¿Ni quién ha de pretender ignorar el miedo, como un árbol inconsciente? Hay que combatir contra lo que nos infunde temor. Acuérdese usted del cuento de aquel clérigo inglés qué prestaba los últimos auxilios a un bandido siciliano. Éste en su lecho de muerte, le dijo: "Yo no tengo dinero con que pagarle; pero puedo darle un buen consejo para toda la vida: *el pulgar en la hoja, y herir para arriba*". Yo también le digo a usted: herir para arriba, y a las estrellas si es preciso.

El otro, en uno de los movimientos habituales de su disfraz, se había puesto a mirar al techo.

—El Domingo —contestó— es una estrella fija.

—Ya lo verá usted caer como una estrella errante —le dijo Syme poniéndose el sombrero.

Este movimiento hizo que el Profesor, inconscientemente, se levantara.

Con una incertidumbre benévola, preguntó:

—¿Sabe usted siquiera a dónde se dirige ahora?

—Sí —dijo Syme lacónico—. A París, a impedir que arrojen la bomba.

—¿Ha pensado usted en el medio de impedirlo?

—No —confesó Syme sin perder su aplomo.

—Sin duda recordará usted —arguyó el otro acariciándose las barbas y mirando por la vidriera— que, al separarnos apresuradamente, se convino en que todo quedaba en manos del Marqués y del Dr. Bull. A estas horas, seguramente, el Marqués está cruzando el Canal; pero lo que va a hacer y cómo, es probable que ni el Presidente lo sepa; nosotros desde luego lo ignoramos: el único que lo sabe es el Dr. Bull.

—¡Dios lo confunda! ¡Y no saber dónde está!

—Sí —dijo de Worms con su abstracción habitual—. Yo sé, yo sé dónde está.

—¿Quiere usted decírmelo? —preguntó Syme con mirada ardiente.

—Lo llevaré a usted —dijo el Profesor descolgando su sombrero de una percha.

Syme se le quedó mirando con nerviosa rigidez e interrogó bruscamente.

—¿Qué quiere usted decir? ¿Me acompaña usted? ¿Se arriesga usted?

—Joven —dijo el Profesor con una sonrisa—. Advierto con curiosidad que usted me toma por cobarde. A esto le diré a usted una cosa, completamente conforme con su filosofía retórica: usted se figura que es posible derrotar al Presidente. Yo, en cambio, estoy seguro de que es imposible, y sin embargo me atrevo a intentarlo.

Y abriendo la puerta de la taberna, por donde se coló una ráfaga cruda, se perdieron juntos en la oscuridad de los muelles.

La nieve había comenzado a fundirse en charcos de lodo; aquí y allá, entre las tinieblas, brillaban los últimos manchones más grises que blancos. Los callejones estaban encharcados y resbaladizos; en el suelo se reflejaban irregularmente las luces de los faroles, como fragmentos de otro mundo despedazado. Por entre esta confusión de luces y sombras, Syme se adelantaba como un sonámbulo; pero su compañero caminaba activamente hacia el extremo de la calle, donde un trozo iluminado del río fingía como un muro de llamas.

—¿A dónde va usted? —preguntó Syme.

—A asomarme por la calle, para ver si el Dr. Bull se ha recogido ya. Tiene costumbres higiénicas: se acuesta temprano.

—¿Y vive por aquí el Dr. Bull?

—No; queda todavía algo lejos, al otro lado del río. Pero desde aquí podemos ver si se ha recogido. —Y volviendo la calle, señaló con su bastón a la otra orilla del río, donde los reflejos bailaban entre sombras. Allí, al otro lado del Támesis, en Surrey, se alza amenazante un hacinamiento de altos edificios, bultos negros salpicados de ventanillas iluminadas, que parecen por su desconsiderada altura chimeneas de fábrica; uno de aquellos edificios, por su aspecto y disposición, parecía una torre de Babel con cien ojos. A Syme, que nunca había visto los rascacielos americanos, aquello le pareció cosa de sueño.

De pronto, la lucecita más alta de aquella torre de mil luces se extinguió: el negro Argos le hacía señas, guiñándole uno de sus ojos innumerables.

El Profesor de Worms giró sobre sus talones, y exclamó dándose con su bastón un golpecito en las botas:

—Llegamos tarde. El higiénico Doctor acaba de meterse en la cama.

—¿Cómo? ¿Vive allá arriba?

—Sí —afirmó de Worms—. Detrás de aquella ventana que ya no puede usted ver. Venga usted. Vamos a cenar. Mañana por la mañana volveremos.

Y, sin más, lo condujo por el dédalo de calles hasta desembocar en la iluminada y clamorosa East India Dock Road. El Profesor, por lo visto, conocía bien el barrio. Se dirigió a un sitio donde la iluminación de las casas de comercio se interrumpía en una abrupta masa de silencio y quietud. Allí, a unos veinte pasos de la avenida, había una fonda blanca y destartalada. El Profesor explicó:

—Quedan todavía algunas buenas fondas inglesas, de casualidad, como verdaderos fósiles. Yo me encontré un día una excelente en West End.

—Y supongo —sonrió Syme— que ésta será la correspondiente a este otro extremo de la ciudad.

—Precisamente —asintió el Profesor con reverencia.

Entraron. Cenaron, y allí mismo pasaron la noche con un sueño reparador. Las judías y el jamón que tan bien sabía guisar aquella curiosísima gente, la inexplicable aparición del Borgoña que sus bodegas ocultaban, produjeron en Syme una efusión de cordialidad y bienestar. Su mayor tormento en todas aquellas aventuras había sido el sentirse solo. Entre aquella soledad y su situación actual en compañía de un aliado, había un abismo. Digan en buena hora las matemáticas que cuatro es igual a dos por dos; pero no pretendan que dos es igual a dos por uno: dos es igual a uno multiplicado por dos mil. Por eso, no obstante sus muchas desventajas, las sociedades van a parar siempre en la monogamia.

Al fin pudo Syme desahogarse contando su absurda historia, desde el momento en que Gregory lo condujo a la taberna de la ribera. Y lo hizo prolijamente, en lujoso estilo monologal, como hombre que hablara entre antiguos camaradas. Por su parte, el hombre que desempeñaba el papel de Worms no se mostró menos comunicativo. Su caso era casi tan increíble como el de Syme.

—El disfraz de usted es excelente —dijo Syme vaciando un vaso de Macon—. Mucho mejor que el del viejo Gogol. Desde el primer momento me pareció Gogol demasiado peludo.

—La diferencia está en la teoría artística que se adopte —observó el Profesor, pensativo—: Gogol era idealista. Sé aderezó como anarquista abstracto, según el ideal platónico. Pero yo soy realista; y, desde luego, soy retratista. Aunque digo mal: yo mismo soy un retrato.

—No lo entiendo —dijo Syme.

—Soy —replicó el Profesor— un retrato del célebre profesor de Worms que vive, creo, en Nápoles.

—¿Quiere usted decir que su disfraz imita la cara de Worms? —inquirió Syme—. Pero dígame ¿no sabe él que está usted abusando de sus narices?

—Lo sabe perfectamente —contestó alegremente su amigo.

—¿Y por qué no lo denuncia a usted?

—Porque soy yo quien lo ha denunciado a él.

—Explíquese usted, hombre de Dios.

—Con mucho gusto, si no le molesta a usted escuchar mi historia —consintió el eminente profesor extranjero.

"Soy actor de profesión. Me llamo Wilks. Cuando trabajaba en el teatro, frecuentaba a toda clase de pícaros y bohemios. Ya me codeaba con la canalla del hipódromo, ya con la gentuza del arte; y ocasionalmente, un día, en cierta guarida de soñadores desterrados, me presentaron al Profesor de Worms, célebre filósofo nihilista alemán. Nada extraordinario advertí en él. Le estudié cuidadosamente. Me dijeron que aquel hombre había demostrado que Dios es el principio destructor del universo. De aquí infería él la necesidad de una energía furiosa e incesante encaminada a aniquilarlo todo. La energía era para él el todo. El pobre hombre estaba lisiado, miope, semiparalítico. Yo tenía un humor ligero; el tipo me desagradó: me puse a imitarlo por burla. De haber sido dibujante, hubiera sacado su caricatura; como yo era actor, me puse a representar su caricatura. En mi disfraz procuré exagerar los rasgos repulsivos del personaje. Al entrar en la sala donde acostumbraban reunirse sus admiradores, yo esperaba ser recibido o entre carcajadas o, si el ánimo general no estaba para ello, con manifestaciones de indignación e insultos. Pero ¡cuál sería mi sorpresa cuando voy viendo que me acogen con un respetuoso silencio, seguido, en cuanto abrí los labios, por un murmullo de admiración! De puro sutil, me había quebrado; resultaba yo más verdadero de lo que me figuraba.

"En suma, que me tomaron por el legítimo y célebre profesor nihilista. Yo era entonces un muchacho de espíritu equilibrado, y aquello fue para mí un golpe terrible. Antes que hubiera podido recobrarme, dos o tres de "mis" admiradores se me acercaron llenos de indignación, y me dijeron que en el cuarto de al lado era yo víctima de un insulto público. Pregunté qué pasaba. Me dijeron que un impertinente se había atrevido a vestirse como yo, e intentaba parodiarme ridículamente. Por desgracia yo había bebido más champaña de lo que me hubiera convenido y, en un rapto de locura, decidí afrontar la situación. El verdadero Profesor, al entrar, fue recibido por la mirada furiosa de la compañía y mi adusto ceño glacial.

"Inútil decir que hubo un choque. En vano los atribulados pesimistas se preguntaban cuál de los dos profesores parecía realmente más viejo. Yo gané al fin. Un pobre viejo valetudinario como mi rival no podía dar una impresión de caducidad tan completa como un actor joven en la primavera de la vida. Ya comprende usted: él era realmente paralítico y, llevando esta ventaja, no podía representar la parálisis tan bien como yo. Entonces intentó derrotarme intelectualmente. Pero yo le opuse una táctica muy sencilla: cada vez que él decía algo que sólo él podía entender, yo contestaba algo que ni yo mismo entendía. Él decía, por ejemplo:

"—No creo que usted trate de aplicar el principio de que la evolución sólo es negación, puesto que ello implica ciertas lagunas que son esenciales de diferenciación.

"A lo cual replicaba yo desdeñosamente:

"—Eso lo ha leído usted en Pinckwerts; la noción de la involución como función eugenética la expuso hace ya mucho tiempo Glumpe.

"Huelga decir que los tales Pinckwerts y Glumpe no existen. Pero, con gran sorpresa mía, el auditorio parecía recordarlos perfectamente. Y el Profesor, viendo que el método culto y misterioso no le servía de nada ante un enemigo poco escrupuloso, se dedicó a atacarme con ingeniosidades de género más popular.

"—Ya veo —dijo con sorna— que usted ha triunfado nomo el falso cerdo de Esopo.

"—Y usted —contesté sonriendo— pierde como el erizo de Montaigne.

"Ignoro si habrá tal erizo en Montaigne.

"—Ya va usted perdiendo recursos —dijo él— y lo mismo perderá las barbas.

"A esto que, además de ser verdadero, era ingenioso, no encontré respuesta inteligente. Solté la risa y dije al azar: "—Sí, como las botas del panteísta.

"Y di media vuelta afectando un aire de triunfo. El verdadero Profesor fue expulsado, aunque sin violencia, salvo que uno de los presentes insistía en pellizcarle las narices a toda conciencia. A estas horas en toda Europa lo reciben como a un delicioso impostor. Y su ira y sus protestas de sinceridad lo hacen, como usted comprende, más ridículo todavía."

"—Bien —dijo Syme—. Comprendo que usted se haya puesto esas sucias barbas para la bromita de aquella noche, pero no comprendo que se las haya usted dejado para siempre.

"—Ése es el siguiente capítulo de mi historia —aclaró el disfrazado—. Cuando salí de la sala entre respetuosos saludos, me fui cojeando por la oscuridad de la calle, deseoso de alejarme lo bastante para recobrar mi paso habitual. ¡Oh asombro! Al doblar la esquina siento un golpecito en un hombro: me vuelvo, y me encuentro bañado en la sombra de un guardia gigantesco. Me dijo que por ahí estaba yo haciendo falta.

"—Sí —contesté adoptando una actitud paralítica y un marcado acento germánico— les estoy haciendo falta a los oprimidos. Usted viene a detenerme porque soy el gran anarquista, el Profesor de Worms.

"Y el guardia, consultando tranquilamente un papel:

"No señor —dijo cortésmente—. Al menos, no es esa la causa. Yo, caballero, lo arresto a usted porque no es el conocido anarquista Profesor de Worms.

"Este cargo, si es que era tal cargo, era en todo caso el más leve de los dos. Seguí al guardia, aunque perplejo, no muy asustado. Me hizo atravesar varios cuartos, y al fin me condujo a presencia de un policía. Explicóme éste que había comenzado una seria campaña contra los centros de anarquismo, y que el éxito de mi disfraz resultaba muy útil para la seguridad pública, y me ofreció un buen salario y la consabida tarjetita azul, aunque hablamos poco, aquel hombre me dio la impresión de tener un gran sentido común, una robusta naturaleza; pero poco puedo decirle a usted de su aspecto físico, porque..."

—Ya —interrumpió Syme soltando el cuchillo y el tenedor— porque habló usted con él en un cuarto oscuro.

El profesor de Worms asintió con la cabeza y llevó el vaso a sus labios.

CAPÍTULO IX

EL HOMBRE DE LAS GAFAS

—Buena cosa es el Borgoña —exclamó el Profesor descansando el vaso.

—Pues no parece gustarle a usted mucho. Lo toma usted como una medicina.

—Tiene usted que disculparme —dijo el Porfesor con tristeza—, mi caso es singularísimo. Por dentro, estoy lleno de alegría infantil; pero tanto y tan bien he hecho de profesor paralítico, que ya no puedo dejarlo: cuando estoy entre amigos, donde no necesito usar disfraz, no puedo menos de hablar despacio balanceando la cabeza y arrugando la frente, como si en realidad fuera mi frente. Puedo ser enteramente feliz, pero siempre a la manera del paralítico. Saltan de mi cerebro las exclamaciones más ardientes, pero al salir de mi boca se han transformado. Si usted me oyera decir: "¡Ánimo muchacho!" se le saldrían las lágrimas.

—Puede ser —dijo Syme—. Pero se me figura, con todo, que está usted algo preocupado. El Profesor se le quedó mirando:

—Es usted muy inteligente —dijo al fin—. Da gusto trabajar con usted. En efecto, tengo como una nube en la cabeza. Vamos a afrontar un problema tan arduo...

Y se llevó ambas manos a las sienes enrarecidas.

—¿Toca usted el piano? —preguntó después.

—Sí —dijo Syme con no fingida sorpresa—; y dicen que no lo hago del todo mal.

Y como el otro seguía callado, añadió:

—Espero que se disipará esa nube ¿eh? Tras larga pausa el Profesor dejó salir, por el hueco que formaban sus manos, estas palabras:

—Hubiera sido lo mismo que supiese usted escribir a máquina.

—¡Hombre, muchas gracias por el elogio!

—Escúcheme usted —continuó el otro— y acuérdese del hombre con quien tendremos que habérnoslas mañana. Mañana usted y yo vamos a intentar algo más difícil que sacar de la torre de Londres los diamantes de la Corona; vamos a extraerle su secreto a un hombre muy burdo, muy fuerte, muy ladino. Creo que, después del Presidente, ninguno hay más asombroso y formidable que ese tipo de las sonrisillas y las gafas. Quizá no tenga ese entusiasmo al rojo vivo, ese entusiasmo hasta la muerte que caracteriza al Secretario, y que en él llegaría al martirio por la anarquía. Pero ese mismo entusiasmo, como pasión humana que es, constituye un motivo de redención. En cambio el doctorcito este goza de una salud, de una cordura brutal, más repulsiva que el desequilibrio del Secretario. Ya habrá usted notado su vigor, su vitalidad detestable. Ese hombre rebota como un balón de goma. Por eso creo que no se dormía el Presidente (y me pregunto si realmente dormirá alguna vez) al encerrar todos los planes del atentado en la negra y redonda cabezota del doctor Bull.

—¿Y se le ha ocurrido a usted ablandar a ese monstruo tocando el piano? —interrogó Syme.

—No diga usted tonterías —saltó el que ya era su mentor—. Hablé de piano, porque el piano da agilidad e independencia a los dedos. Syme, si hemos de arriesgarnos en esta empresa y salir de ella sanos y salvos, tenemos que concertar antes cierto código de señales que ese bruto no pueda sorprender. Yo tengo ciertas cifras alfabéticas correspondientes a los cinco dedos de la mano. Vea usted cómo.

Y redobló con los dedos sobre la mesa.

—B. A. D., *bad* = "malo"; palabra que hemos de usar con frecuencia.

Syme apuró otro vaso de vino y se puso a estudiar el método. Tenía una facilidad anormal para los acertijos y los juegos de manos, y no tardó mucho en aprender a formular mensajes elementales con lo que no parecía ser más que un jugueteo ocioso sobre la mesa o la rodilla. Pero el vino y la compañía siempre le dejaban en un estado de ánimo juguetón y travieso, y pronto el Profesor tuvo que hacer esfuerzos para dominar la energía que el cerebro ardiente de Syme comunicaba al nuevo lenguaje.

—Conviene —dijo Syme afectando mucha seriedad—, conviene que establezcamos algunos signos para palabras enteras, palabras que se nos puedan ofrecer con frecuencia finos matices de significación. Por ejemplo, mi palabra favorita es "coetáneo". ¿Cuál es la de usted?

—Déjese usted de burlas —imploró el Profesor—; no se da usted cuenta de lo serio que es esto.

—También hace falta la palabra "lusch" —continuó Syme con aire sagaz—. Sí, necesitamos la palabra "lusch" que quiere decir "jugoso, lozano, fácil de arar", y que, como usted sabe, se aplica al pasto.

—¿Pero se está usted figurando que vamos a hablar de pastos al Dr. Bull?[*] —gritó el otro furioso.

—Mire usted: hay muchas maneras de abordar la cuestión —dijo Syme, reflexionando—. Y muchas maneras de introducir una palabra sin que parezca forzada. Por ejemplo: "Dr. Bull, usted, como buen revolucionario, recordará que hubo un tirano que nos aconsejó comer pasto. Y en verdad, muchos de nosotros, al contemplar los lozanos pastos primaverales..."

—¿Pero se da usted cuenta de que esto es tragedia y no sainete? —le interrumpió el otro.

—Sí, señor. Y en una tragedia hay que ser cómico. De otro modo ¿qué diablos va uno a hacer? Me gustaría que este lenguaje convencional ganara un poco de amplitud. ¿No podríamos extenderlo de los dedos de las manos a los de los pies? Esto implicaría el tener que quitarse durante la conversación las botas y los calcetines: lo cual, hecho con disimulo...

—¡Syme! —exclamó su amigo con enérgica sencillez—. ¡A la cama!

Pero Syme, sentado en la cama, se estuvo ensayando un rato en el nuevo código. Cuando despertó, al siguiente día, todavía el Oriente estaba sumergido en la sombra. Junto a su cama, como un duende, le esperaba ya su aliado, el de las canosas barbas.

Syme se incorporó parpadeando, recobró poco a poco la conciencia de su situación, y arrojando al fin los cobertores saltó de la cama. Y le pareció, por singular caso, que con la ropa de la cama había apartado de sí toda la alegre seguridad, toda la sociabilidad de la

---

[*] Juego de palabras: *Bull* quiere decir toro.

noche anterior, y que se quedaba como en mitad del aire, frío y desamparado, expuesto al peligro. Con todo, su fe, su lealtad para con el compañero no habían disminuido un punto; pero era como una confianza entre dos hermanos de patíbulo.

—¡Bueno! —dijo con fingido buen humor mientras se ponía los pantalones—. ¿Sabe que soñé con su alfabeto? ¿Le costó a usted mucho tiempo y trabajo?

El Profesor, sin contestar, se le quedó mirando con unos ojos absortos color de mar de invierno. Syme repitió:

—Le pregunto a usted cuánto tiempo le llevó la invención de su alfabeto. Porque yo, que creo ser bueno para estas cosas, he tenido que rumiarlo una hora larga. ¿Y aprendió usted a usarlo al instante?

El Profesor seguía mudo, absortos los ojos, absorta y cuajada la sonrisa en el rostro.

—¡¡Que cuánto tiempo le costó a usted!! Y el Profesor, inmóvil.

—¡Demonio de hombre! ¿Quiere usted contestarme? —gritó Syme con una furia que mal encubría un vago terror.

El Profesor podría o no contestarle; ello es que no le contestó.

Syme se quedó contemplando, extrañado, aquella cara pálida y apergaminada, aquellos ojos azules y opacos. Lo primero que se le ocurrió fue que el Profesor se había vuelto loco. Pero después pensó algo todavía peor: después de todo ¿qué sabía él de aquella extraña criatura, cuya amistad había aceptado sin reflexionarlo siquiera? ¿Qué sabía de cierto sobre aquel hombre, fuera de que había asistido al almuerzo de los anarquistas y le había contado unas historias absurdas? ¡Era tan improbable encontrarse con otro nuevo Gogol, con otro amigo, en la pandilla anarquista!... ¿Acaso el silencio de aquél hombre era una silenciosa declaración de guerra? La expectación adamantina de aquellos ojos ¿no era como la siniestra sonrisa de un triple traidor, al dar el cambiazo definitivo? Y aguzó sus oídos, extático, en medio de aquel silencio terrible. Hasta se figuró que se deslizaban por el corredor los cautelosos dinamiteros congregados para prenderle.

Después bajó la vista, y de pronto se echó a reír. Aunque el Profesor estaba hecho una estatua, sus cinco dedos danzaban activamente sobre el tablero de la mesa. Syme, reparando en los movimientos, descifró este mensaje:

—Acostumbrarse a hablar sólo así.

Y formuló, con impaciente desahogo, la respuesta:

—Bien. Almorcemos.

Tomaron sombreros y bastones sin decir palabra: pero Syme no pudo menos de crispar la mano al empuñar su bastón-verduguillo.

Se detuvieron unos minutos a tomar un poco de cafe y sandwiches en un puestecillo, y después pasaron el río desolado como el Aqueronte bajo el fulgor todavía indeciso del alba. Llegaron al edificio que habían visto la noche anterior desde la otra orilla, y fueron subiendo los escalones de piedra sin decir palabra y deteniéndose a cambiar una que otra señal sobre el pasamano de la baranda; a cada nuevo tramo, conforme ascendían, pasaban otra ventana, y cada ventana dejaba ver la luz blanca y trágica de la aurora que amanecía laboriosamente sobre Londres. Desde cada ventana, los innumerables techos de pizarra aparecían como las ondas grises de mar después de la lluvia. Syme se daba cuenta de que la aventura iba tomando un carácter sobrio y frío más terrible aún que el romanticismo de la aventura pasada. La noche anterior, aquellos edificios le parecían torres del país de los sueños. Ahora, al subir por aquella inacabable y fatigosa escalera, lo que más le impresionaba era la serie infinita de escalones. Aquello no era el horror cálido del sueño, de la exageración, de la ilusión. Aquello era el infinito vacío de la aritmética, tan inconcebible como necesario.

Aquello recordaba las conclusiones vertiginosas de la astronomía sobre la distancia de las estrellas fijas. Le parecía estar subiendo por la casa de la razón, cosa más horrible aún que el absurdo.

Cuando llegaron al rellano del último piso, la última ventana les permitió ver una aurora acre, blanca, con orlas ásperas de un rojo que más parecía rojo de arcilla que rojo de nube. Y al entrar en la desnuda bohardilla del Dr. Bull, la encontraron llena de luz.

En el espíritu de Syme se revolvía un confuso recuerdo de algo parecido a aquellos pisos desnudos y a aquel austero amanecer. Al ver al Dr. Bull, sentado a su mesa y escribiendo, el recuerdo se formuló: la Revolución francesa. Contra aquel rojo áspero y aquella albura de amanecer, muy bien pudiera destacarse la silueta negra de la guillotina. El Dr. Bull estaba en mangas de camisa y llevaba pantalón negro. Su cabeza negra y rapada evocaba la peluca ausente; aquel hombre podía ser Marat, o un Robespierre algo más doméstico.

Sin embargo, bien mirado, aquello no tenía aire revolucionario. Los jacobinos eran idealistas, y este hombre tenía un materialismo asesino. Además, su posición le comunicaba una apariencia muy singular. La enérgica luz de la mañana, entrando lateralmente y proyectando sombras intesas, le hacía más pálido y anguloso que en la escena del almuerzo en la terraza. Las gafas negras, como incrustadas en los ojos, parecían las cuencas huecas del cráneo. Aquel hombre podía ser la Muerte, puesta a escribir junto a una mesa.

Al verlos entrar, sonrió alegremente, y se puso en pie con aquella agilidad de que el Profesor había hablado.

Acercó un par de sillas y, dirigiéndose a la percha escondida tras de la puerta, procedió a ponerse un chaleco y una americana de burdo paño oscuro. Se abotonó cuidadosamente y se volvió a sentar a la mesa.

Su buen humor y tranquilidad dejó a sus contrincantes confusos. No sin dificultad el Profesor se atrevió a romper el silencio:

—Camarada, siento molestarle tan de manera —empezó reasumiendo cuidadosamente las maneras trabajosas del anciano de Worms—. Supongo que ya tendrá usted arreglado el negocio ese de París—. Y luego con infinita lentitud—: Tenemos informes según los cuales la menor tardanza sería funesta.

El Dr. Bull sonrió otra vez, pero continuó mirándoles sin decir palabra. El Profesor, haciendo una pausa después de cada palabra, continuó:

—Le ruego a usted que no se extrañe de esta intromisión tan intempestiva. Me permito aconsejarle a usted o bien que altere sus planes, o si ya es demasiado tarde, que mande en auxilio de su gente todos los elementos que pueda. El camarda Syme y yo hemos tenido una experiencia que sería muy larga contarle a usted, sobre todo si hemos de obrar de acuerdo con lo que ella aconseja... Sin embargo, voy a contársela en todos sus detalles, aun a riesgo de perder mucho tiempo, si es que usted lo juzga indispensable para el entendimiento de la cuestión que nos proponemos discutir.

Trataba de alargar sus frases, procurando que tardara de un modo intolerable, a fin de desesperar al práctico doctorcete y obligarlo a estallar de alguna manera para ver si soltaba prenda. Pero el doctorcete continuaba sonriendo, y el monólogo era, para el otro, una verdadera cuesta arriba. Syme comenzó a sentirse enfermo. La sonrisa y el mutismo del Doctor no se parecían al silencio cataléptico que, media hora antes, se había apoderado del falso Profesor. En las ridiculeces y patrañas de éste, había siempre un elemento grotesco y pueril. Syme recordaba los miedos que con él había pasado el día anterior, como se recuerda haber tenido miedo al coco en la infancia. Pero ahora estaban a pleno día, ante un hombre sano y robusto, que nada tenía de extraordinario fuera de aquellas odiosas gafas, y que, en vez de mirarlos con furia o con sorna, los consideraba con una sonrisa inalterable, sin decir palabra. Realidad tan sobria era, a fuerza de serlo, insoportable. A la luz creciente de la mañana los matices de la tez del Doctor, de la tela de su traje, parecían también crecer de un modo increíble, adquiriendo esa desmedida importancia que tienen en las novelas realistas. Pero su sonrisa seguía tenue; la inclinación de su cabeza, cortés. Sólo era inquietante su silencio.

—Como acabo, pues, de decirle —continuó el Profesor con esfuerzo semejante al del que tiene que abrirse camino por entre la arena pesada— el incidente que nos ha ocurrido, determinándonos a inquirir la suerte del Marqués, es de tal naturaleza que sin duda preferiría usted conocerlo; pero como más bien que a mí le aconteció al camarada Syme...

Sus palabras se arrastraban como las palabras de una antífona; pero Syme, que estaba en acecho, vio que los largos dedos de su amigo redoblaban nerviosamente sobre el borde de aquella mesa desvencijada, y leyó en ellos este mensaje:

—"Ayúdeme, que se me acaba".

Y Syme saltó a la brecha, con aquel arrojo de improvisación que se apoderaba de él en los momentos de alarma.

—En efecto —declaró apresurado—, la cosa me sucedió a mí más bien. Tuve la suerte de entrar en conversación con un detective que, gracias al sombrero, me tomó sin duda por persona respetable. Deseoso de conservar mi reputación, me lo llevé conmigo al Savoy, donde logré ponerlo en completo estado de embriaguez. Se manifestó muy efusivo, y me contó, con abundantes palabras, que esperaban detener en Francia al Marqués dentro de dos o tres días. De modo que, como no le sigamos la pista usted o yo...

Pero el Doctor seguía sonriendo amistosamente, y sus ojos tan impenetrables y ocultos. El Profesor le indicó por señas a Syme que él mismo se encargaría de seguir contando la historia, y en efecto continuó así, con la calma de antes.

—Syme me contó esto hace un instante, y juntos decidimos venir a ver a usted, a fin de que aprovechara nuestras informaciones. A mí me parece incuestionable que...

A todo esto, Syme había estado observando al Doctor con una atención semejante a la que éste ponía en observar al Profesor, aunque sin su peculiar sonrisa. Bajo la energía de aquella afabilidad inmóvil, los nervios de los dos compañeros de armas estaban a punto de estallar. De pronto, Syme se inclina ligeramente y manipula sobre la mesa este mensaje:

—"¡Tengo una idea!"

Y casi sin interrumpir su monólogo, su aliado contestó por los mismos signos:

—"Pues a ello".

—"Es una idea extraordinaria" —telegrafió Syme. Y el otro.

—"Será un disparate extraordinario".

—Y Syme:

—"No, que soy poeta". Y le retrucó su amigo:

—"Hombre muerto sí que es usted".

Syme se había sonrojado hasta la raíz de sus rubicundos cabellos, y los ojos le brillaban febrilmente. En efecto, había tenido una intuición que pronto se había convertido en viva corteza. Volviendo a la manipulación, le indicó a su amigo:

—"Verá usted qué idea más poética. No se la espera usted. Tiene el encanto sorprendente de la primavera".

Y descifró, en los dedos de su amigo, la siguiente respuesta:

—"Vayase al diablo". —Y el Profesor continuó endilgándole al Doctor su monólogo de meras palabras vacías.

—"Más bien puedo decirle —manipuló Syme— que se parece a ese súbito olor marino que exhalan a veces los bosques lozanos y empapados".

No se dignó el otro contestarle.

—"O más bien —continuaron los dedos de Syme— es conmovedora mi idea como los cabellos rojizos de una hermosa mujer".

El Profesor continuaba su monólogo, cuando Syme se decidió a intervenir. Inclinándose sobre la mesa, dijo con una voz que reclamaba la atención:

—¡Dr. Bull!

La risueña y suave cara del Doctor permaneció impasible, pero se hubiera jurado que, bajo sus gafas negras, sus ojos dardeaban hacia Syme.

—Dr. Bull —repitió Syme con un tono singularmente preciso, aunque cortés—. ¿Quiere usted hacerme un favor insignificante? ¿Quiere usted tener la amabilidad de quitarse las gafas?

El profesor se revolvió en la silla, y echó sobre Syme una mirada llena de extrañeza y furor. Syme, como el que ha arrojado sobre la mesa toda su fortuna, esperaba, encendido el rostro, y el busto inclinado. El Doctor no se movió.

Hubo un silencio de unos segundos, durante el cual pudo.haberse oído la caída de una aguja, silencio cortado a lo lejos por el silbido lejano de un steamer, sobre el Támesis. El Dr. Bull se levantó lentamente, siempre risueño, y se quitó las gafas.

Syme se irguió de un salto y retrocedió un poco, como el profesor de química ante la explosión inesperada. Sus ojos eran dos estrellas, y por un instante no pudo hacer más que señalar con el dedo sin decir palabra.

También el Profesor había saltado sobre sus pies olvirándose de su fingida parálisis. Apoyado ahora sobre el respaldo de la silla, contemplaba con dudosos ojos al Doctor, cual si éste se le hubiera metamorfoseado en un sapo. Y en verdad la metamorfosis había sido notable.

Los dos detectives se encontraron ante un joven de aspecto infantil, de ojos avellanados, expresión franca y dulce, de fisonomía despejada, vestido vulgarmente como un empleadillo, con aire decidido de excelente persona y naturaleza más bien común. La imborrable sonrisa parecía ahora la primera sonrisa de un bebé.

—¡Cuando yo decía que era poeta! —gritó Syme transportado—. ¡Cuando yo decía que mi intuición era tan infalible como el Papa! ¡Si todo eso lo hacían las gafas, sólo las gafas! Con esos endiablados ojos negros y su complexión, su salud, su buena cara, ya por lo menos parecía un diablo vivo, extraviado entre diablos muertos.

—En efecto —asintió el Profesor vacilante— la diferencia es notable. Pero, para volver al proyecto del Dr. Bull...

—¡Al diablo con el proyecto! —rugió Syme fuera de sí—. Mírelo: fíjese usted en su cara, vea usted ese cuello, vea usted esas honradísimas botas. ¿Cómo va usted a creer que eso es un anarquista?

—¡Syme! —gritó el otro agonizante de miedo.

—¡Por Dios! —dijo Symbe—. Yo corro con el riesgo. Dr. Bull: yo soy un agente de policía. He aquí mi tarjeta.

Y arrojó la cartulina azul sobre la mesa. El Profesor, aunque seguro de que todo estaba perdido, fue leal. Sacó su tarjeta y la puso al lado de la otra. ¿Qué hizo entonces el tercer personaje? Soltar una enorme risotada. Y, por primera vez durante aquella matinal entrevista, dejó oir su voz.

—Chichos, estoy verdaderamente encantado de esta visita matinal —dijo con un desembarazo de escolar—, porque así podremos embarcar juntos para Francia. Sí, yo también estoy en el servicio.

Y diciendo esto, como por cumplir con la forma, les mostró su tarjeta.

Tomó un sombrero hongo, se caló de nuevo las gafas diabólicas, y se adelantó con tal rapidez hacia la puerta que los otros le siguieron instintivamente. Syme parecía algo azorado; al cruzar la puerta dio con el bastón en las piedras del corredor haciéndolo sonar.

—¡Dios poderoso! —exclamó—. ¡De modo que había más condenados detectives que condenados dinamiteros en aquel condenado consejo!

—Hubiéramos podido librar batalla —dijo Bull—. Éramos cuatro contra tres.

El Profesor bajaba delante de ellos; su voz llegó a ellos desde abajo.

—No—dijo la voz— no éramos cuatro contra tres; no teníamos esa suerte. Éramos cuatro contra Uno. ¡Siguieron bajando en silencio.

El joven Bull, con la sencilla cortesía que le caracterizaba, insistía en ceder el paso a los otros. Pero, ya en la calle, su robusto paso lo arrastró inconscientemente, e iba delante de los demás, rumbo a una oficina del ferrocarril, hablándoles por encima del hombro.

—Da gusto encontrarse con amigos de la profesión. Estaba yo medio muerto de miedo al sentirme solo. Estuve a punto de darle un abrazo a Gogol, lo cual no hubiera sido muy prudente. Supongo que no se reirán ustedes de mis temores...

—¡Como que el miedo que yo tenía parecían atizarlo todos los diablos del infierno! —dijo Syme—. Pero el peor de todos era usted con sus infernales anteojos.

El joven, riendo de muy buena gana, le contestó:

—¿Verdad que era un acierto? una cosa tan sencilla... la idea no fue mía; yo no hubiera sido capaz. Vean ustedes: yo quería entrar en el servicio, especialmente como antidinamitero. Pero para eso hacía falta disfrazarse de dinamitero: y todos juraban que yo no lograría nunca. Aseguraban que hasta mi paso era respetable y que, visto de espaldas, me parecía a la constitución inglesa. Que tenía yo un aspecto muy saludable y optimista, muy confiado y benévolo; me ponían, en Scotland Yard, mil apodos. Me decían que, si hubiera yo sido criminal habría hecho mi fortuna, con sólo mi aspecto de persona nonrada; pero que, dada mi desgracia de ser hombre honrado, no había la menor esperanza de que pudiera yo servirles de algo disfrazado de criminal. Al fin me llevaron un día con un jefe que ha de ser persona importante, digo yo; hombre de cabeza superior. Le contaron mi caso desesperado: uno propuso ocultar la jovialidad de mi sonrisa con unas barbas; otro aseguró que pintado de negro parecería un negro anarquista. Pero el señor aquel salió de repente con una ocurrencia extraordinaria: "Unas gafas ahumadas lo harán bueno, dijo; ya veis que ahora parece un chico de oficina, de carácter angelical; ponedle un par de anteojos negros, y será el terror de los niños". Y así fue, por San Jorge. Una vez ocultos los ojos, todo lo demás, sonrisa, lomos fornidos, cabellos cortos, todo contribuyó a darme un aspecto infernal. Tan sencillo como un milagro, pero eso no fue lo más milagroso. Hay algo más asombroso todavía. Cuando lo pienso me da vueltas la cabeza.

—¿Y qué es? —preguntó.

—Voy a decírselo a usted —contestó el de las gafas—. Este personaje de la policía que a tal punto comprendió los rasgos de mi persona y adivinó cómo sentarían las gafas con mis cabellos rapados y hasta con mis calcetines, ese hombre —¡Dios poderoso!— ese hombre ni siquiera me vio.

Los ojos de Syme relampaguearon.

—¿Y cómo puede ser? ¿No dice usted que habló con él?

—Así fue, en efecto —dijo Bull con vivacidad—. Pero hablamos en un cuarto más oscuro que un sótano. No se lo figuraba usted ¿verdad?

—Verdaderamente, es inconcebible —dijo Syme con gravedad.

—Sí, la idea no deja de ser nueva —observó el Profesor.

El nuevo aliado era un huracán en materia de cosas prácticas. En la oficina de informaciones preguntó con brevedad de hombre de negocios, las horas de salida de trenes para Dover. Obtenidos los informes, hizo entrar a todos en un coche y, antes de que hubieran podido percatarse, ya los había instalado en el asiento del ferrocarril. Y antes de poder charlar a sus anchas, ya estaban a bordo del bote para Calais.

—Ya tenía yo decidido almorzar en Francia; me alegro de almorzar ahora en buena compañía. Comprenderán ustedes que no puedo menos de mandar por ahí al Marqués con su bomba, porque el Presidente no aparta los ojos de mí, aunque Dios sabe cómo. Algún día les contaré algo de esto. Es de lo más extravagante. Cada vez que me duermo un poco, me encuentro de manos a boca con el Presidente, que ya me sonríe desde el mirador de un club, ya me saluda con el sombrero desde la imperial de un ómnibus. Les diré: ustedes pensarán lo que gusten, pero ese hombre está vendido al diablo: puede estar presente en seis partes diferentes a un tiempo.

—De modo —preguntó el Profesor— que ya envió usted por delante al Marqués, si no he oído mal. ¿Hace mucho tiempo? ¿Podremos todavía darle alcance?

—Sí —contestó el guía—. Todo está calculado. Cuando lleguemos, todavía estará en Calais.

—Pero, una vez que le demos caza en Calais —dijo el Profesor— ¿qué hacemos?

A esta pregunta, el Dr. Bull perdió aplomo por primera vez. Reflexionó un poco, y dijo:

—En principio, supongo que debemos llamar a la policía.

—No opino yo así —opuso Syme—. En principio, prefiero echarme al agua. Yo le he dado mi palabra de honor de no decir nada a la policía a un pobre sujeto que es un tipo de pesimista moderno. Y, aunque no entiendo mucho de casuística, no me decido a quebrantar la palabra dada a un pesimista moderno. Sería como quebrantar la palabra empeñada a un niño.

—Yo estoy embarcado en el mismo barco —dijo el Profesor—. Ya he pensado en acudir a la policía, pero cierto estúpido compromiso me lo impide. Cuando yo era actor, en todo acostumbraba meterme. El único crimen que no he cometido es la traición, el perjurio. Si en éste hubiera yo incurrido, habría perdido la última noción del bien y del mal.

—También yo he pasado por eso —dijo el Dr. Bull— y he tomado mi decisión. Le he dado mi palabra al Secretario: ya sabe usted, el de la risa torcida. Amigos míos: ese hombre es el más desdichado de los hombres. Será su digestión, o su conciencia, o sus nervios, o su filosofía o lo que fuere: pero ese hombre está condenado; la vida es para él un infierno. A un hombre como éste yo no puedo traicionarlo ni dedicarme a perseguirlo: sería como azotar a una liebre. Puede que sea una locura mía, pero, con toda sinceridad, yo así lo pienso.

—No me parece locura —dijo Syme—; ya sabía yo que usted pensaría así desde el momento en que...

—¿Qué?

—Desde el momento en que se quitó usted las gafas.

El Dr. Bull sonrió y se dirigió al puente para contemplar el juego del sol en el agua. Después volvió a sus compañeros, dando grandes taconazos, y entre todos se produjo un amistoso silencio.

—¡Bueno! —dijo Syme—. Parece que todos tenemos la misma moralidad o la misma inmoralidad. Veamos, pues, de sacar las consecuencias prácticas de nuestra situación.

—¡Sí! —afirmó el Profesor—. Tiene usted mucha radón. Y hay que apresurarse, porque ya veo desde aquí asomar las narizotas al cabo de Gris-Nez.

—La principal consecuencia —continuó Syme— es que estamos solos en este planeta, Gogol se ha ido. Dios sabe dónde; tal vez el Presidente lo haya aplastado como a una mosca. En el Consejo quedamos tres contra tres, como los romanos que defendían el puente. Pero estamos peor que los contrarios, porque, en primer lugar, ellos pueden apelar a su organización y nosotros no. Y en segundo lugar...

—Porque uno de esos tres contrarios —dijo el Profesor— no es un hombre.

Syme asintió y calló por breves instantes. Después dijo:

—He aquí lo que se me ocurre. Hagamos lo posible para retener el Marqués en Calais hasta mañana a medio día. Ya he examinado para mí más de veinte planes distintos. No podemos denunciarlo como dinamitero, esto queda entendido. Tampoco hacerlo prender por cualquier cargo insignificante, porque tendríamos que aparecer en el pleito. Él nos conoce, y se olería algo. Tampoco podemos inmovilizarlo bajo pretexto de trabajos anarquistas; por muchas tragaderas que tenga, no se tragaría lo de quedarse en Calais mientras que el Zar pasea sano y salvo en París. Podríamos intentar secuestrarlo y encerrarlo nosotros mismos, pero es aquí muy conocido; cuenta con una verdadera guardia de corps entre sus amigos, es hombre fuerte y valeroso y el éxito no sería seguro. No veo más que aprovechar las mismas circunstancias que favorecen al Marqués. Quiero aprovecharme, del hecho de que tiene muchos amigos y frecuenta la mejor sociedad...

—¿Qué diablos está usted diciendo? —exclamó el Profesor.

—La familia de los Symes —continuó Syme— aparece mencionada por primera vez en el siglo XIV; según cierta tradición, uno de ellos fue a Bannockburn en el séquito de Bruce. A partir de 1350, nuestro árbol genealógico está ya bien establecido.

—Se ha vuelto loco —dijo el Doctorcete sorprendido.

—Nuestras armas —continuó Syme imperturbable— son: cheurrón de gules en campo de plata, con tres cruces flordeliseadas. La divisa es variable.

El Profesor cogió brutalmente a Syme por la solapa.

—Ya estamos para desembarcar —le dijo—. ¿Está usted mareado o haciendo chistes inoportunos? Syme contestó sin desconcertarse:

—Mis observaciones tienen un sentido práctico casi doloroso: la casa de San Eustaquio también es muy antigua. El Marqués no puede negar que yo sea un gentleman. Y para poner fuera de discusión este asunto, me propongo, a la primera oportunidad, arrancarle el sombrero de la cabeza. Pero hemos llegado al puerto.

Desembarcaron deslumbrados por el resplandor del sol. Syme hacía ahora de guía, como Bull lo había hecho en Londres. Llevó a sus amigos a lo largo de una avenida que recorre la playa hasta unos cafés que, escondidos entre la verdura, dominan la marina. Syme caminaba adelante con aire fanfarrón y blandiendo el bastón como si fuera una espada. Se proponía llegar hasta el último café, pero se detuvo súbitamente. Impuso silencio con un gesto. Su dedo enguantado señaló a una mesa donde, bajo la espesura del follaje, estaba sentado el Marqués de San Eustaquio. Sus dientes blancos brillaban entre la barba espesa y negra. Su cara morena y audaz, matizada por un ligero sombrero de paja, resaltaba sobre la mar violeta.

CAPÍTULO X

EL DUELO

Syme y sus compañeros se sentaron a una mesa. Los ojos azules de Syme parecían brillar como el mar. Pidió, con alegre impaciencia, una botella de Saumur. Se encontraba en un singular estado de hilaridad. Su ánimo, ya excitable de suyo, se excitó más con el Saumur, y a la media hora su charla era un torrente de disparates. Ahora pretendía estar trazando el plan de la conversación que iba a tener con el fatal Marqués. Hizo unos apuntes con lápiz: una especie de catecismo con preguntas y respuestas, que iba recitando con extraordinaria fluidez.

—Me acercaré. Antes de quitarle el sombrero, me quitaré el mío. Diré: "¿El Marqués de San Eustaquio, si no me equivoco?". Él dirá: "¿El célebre Mr. Syme, supongo?". Y añadirá en excelente francés: "Comment allez-vous?". A lo cual yo contestaré: "¡Oh, siempre el mismo Syme!" [*].

—Basta —dijo el de las gafas—. Modérese usted y tire ese papel. ¿Qué se propone usted hacer realmente? Syme, patéticamente:

—¿Pero no es encantador mi catecismo? Permítanme ustedes que lo lea. Sólo tiene cuarenta y tres preguntas y respuestas, y algunas respuestas del Marqués son ingeniosísimas: hay que hacer justicia al enemigo.

—Pero ¿a qué conduce todo eso? —preguntó el Dr. Bull, impaciente.

—A mi desafío. ¿No se da usted cuenta? —dijo Syme, radiante—. Cuando el Marqués ha dado la respuesta número treinta y nueve, que a la letra dice...

—¿Y no le ha pasado a usted por la cabeza —dijo el Profesor con una sencillez admirable— que bien pudiera el Marqués no repetir todas las cuarenta y tres respuestas que usted ha previsto para él? Porque, en tal caso, los epigramas que usted le dirija tendrán que resultar un tanto forzados.

Syme dio un puñetazo en la mesa, deslumbrado.

—¡Pues es verdad! ¡Y a mí que no se me había ocurrido! Caballero, tiene usted una inteligencia no común, usted llegará...

—Está usted más ebrio que una lechuza —dijo el Doctor.

—No hay más remedio —continuó Syme, sin hacer hacer caso— que adoptar otro método para romper el hielo, si se me permite expresarme así, entre mi persona y ese hombre a quien quiero matar. Y puesto que las peripecias de un diálogo no pueden ser previstas por una sola de las partes (como usted con tan recóndita sutileza, ha tenido a bien observarlo) a esta parte no le queda más, me parece, que desempeñar por sí misma, hasta donde sea posible, todo el diálogo. ¡Y así ha de ser, voto a San Jorge!

Y se levantó. La brisa marina hacía vibrar sus amarillos cabellos.

---

[*] *Oh, just the Syme*—. *The same*—el mismo, y *the syme*— el Syme, tienen, en el Inglés popular de Londres, una pronunciación parecida. *(N. del T.)*

Escondida entre los árboles, estaba tocando una banda en el próximo café cantante. Una mujer había comenzado una canción. En el cerebro excitado de Syme, el resoplido de los cobres produjo el mismo efecto de aquel organillo de Leicester Square, a cuyos compases se había encaminado el otro día hacia la muerte. Contempló la mesita donde estaba el Marqués. Había ya con él dos compañeros, solemnes franceses de levita y sombrero de copa; uno de ellos llevaba la roseta de la Legión de Honor. Eran, sin duda alguna, gente de sólida posición social. Junto a estas figuras negras y cilíndricas, el Marqués, con su sombrero de paja y traje primaveral, parecía bohemio y hasta bárbaro. Syme examinó al Marqués; verdaderamente, aquel hombre parecía un rey, con su elegancia animal, sus ojos altivos, su cabeza orgullosa destacada sobre el mar purpurino. Pero no un rey cristiano en manera alguna; sino más bien un déspota trigueño, semigriego y medio asiático que, en los días en que la esclavitud era cosa natural, contemplara, sobre el Mediterráneo, sus galeras atestadas de quejumbrosos esclavos.

—¿Va usted a dirigirse a ese mitin? —dijo el Profesor con sorna, viendo que Syme permanecía de pie, inmóvil, como quien reflexiona antes de empezar un discurso.

Syme apuró el último vaso de espumoso.

—Sí —contestó señalando al Marqués y a sus compañeros—, a ese mitin. Ese mitin me disgusta: voy a pellizcarle a ese mitin las feas y flojas narices de caoba que gasta.

Y avanzó con paso decidido, aunque no muy en línea recta. El Marqués, al verlo, arqueó las cejas negras y asirias, pero en su sorpresa hubo una sonrisa de cortesía.

—Usted es Mr. Syme, si no me equivoco, interrogó. Syme se inclinó correctamente.

—Y usted el Marqués de San Eustaquio —dijo con suave gracia—. Permítame usted que le pellizque las narices.

Y, en efecto, se acercó a hacerlo. Pero el Marqués se echó atrás, derribando la silla, y los dos caballeros de sombrero de copa cogieron a Syme por los hombros.

—¡Ese hombre me ha insultado! —dijo Syme como dando explicaciones.

—¿Insultado? —gritó el caballero del botón rojo— ¿Cuándo?

—Ahora mismo —contestó Syme con atolondramiento—. Ha insultado a mi madre.

—¿Insultado a su madre? —dijo con asombro el caballero condecorado.

—Bueno —dijo Syme concediendo el punto—. A mi señora tía, por lo menos.

—Pero ¿cómo es posible que el Marqués haya insultado ahora mismo a la señora tía de usted? —dijo el otro caballero con legítimo asombro—. ¡Si no se ha movido de aquí!

—El insulto estuvo en sus palabras —dijo Syme con acento sombrío.

—¡Si yo no he dicho nada! —explicó el Marqués—, salvo no sé qué observación sobre la orquesta: que me hubiera gustado que trataran mejor a Wagner, o algo así.

—Pues fue una alusión a mi familia —dijo Syme con firmeza—. Porque mi tía tocaba Wagner muy mal. Siempre ha sido eso una causa de disgustos: siempre nos han insultado por eso.

—¡Pero esto es extraordinario! —dijo el caballero condecorado, mirando con asombro al Marqués.

—¡Oh, se lo aseguro a usted! —dijo Syme con aire sincero—. Toda la conversación de ustedes estaba llena de siniestras alusiones a la debilidad de mi tía.

—¡Disparate! —dijo el otro compañero del Marqués—. Yo, durante media hora, apenas habré despegado los labios para decir que me gusta como canta esa chica de cabellos negros.

—¡Pues ya lo ve usted! —dijo Syme indignado— ¡mi tía era rubia!

—Se me figura —observó el otro— que usted busca un pretexto para insultar al Marqués.

—¡Voto a San Jorge! —dijo Syme enfrentándose con su interlocutor—. ¡Es usted un hombre de talento! El Marqués le echó una mirada de tigre.

—¿Buscarme a mí camorra? —exclamó—. ¿Batirse conmigo? Juro a Dios que el que me busca me encuentra. Creo que estos caballeros aceptarán mi representación. De aquí a la noche faltan cuatro horas. Podemos batirnos esta misma tarde.

Syme se inclinó con cortesía exquisita.

—Marqués —dijo— su acción es digna de su fama y su sangre. Permítame usted consultar con los que han de ser mis testigos.

De tres zancadas se reunió a los suyos. ¡Éstos, que habían presenciado su ataque, inspirado por la champaña, y oído sus absurdas explicaciones, lo vieron acercarse llenos de perplejidad. En efecto, Syme estaba ahora en pleno uso de razón, algo pálido, y hablaba con la precisión y mesura del hombre práctico.

—Ya está hecho —dijo con voz ronca—. Ya está provocada la bestia. Ahora, atención, óiganme ustedes bien. No hay que perder tiempo en palabras. Ustedes son mis testigos, y les toca arreglarlo todo. Hay que insistir, de un modo absoluto, en que el duelo sea mañana después de las siete, para impedirle que tome el tren de París a las siete y cuarenta y cinco. Si pierde este tren, pierde la ocasión del crimen. Él no puede rehusarse a aceptar el sitio y hora que se señale, pero seguramente intentará que se elija para el caso algún sitio cercano a la estación, a fin de dar alcance al tren. Maneja muy bien la espada, y puede confiar en que podrá darme muerte a tiempo. Pero yo también entiendo algo de eso, y espero poder entretenerlo a lo menos hasta que pierda el tren. Después, para consolarse, probablemente me matará. ¿Entendido? Perfectamente. Pues permítanme ustedes presentarlos con aquellos distinguidos caballeros.

Se acercaron al grupo del Marqués, y Syme los presentó dándoles unos nombres aristocráticos que ellos no habían oído en su vida. Syme tenía de tiempo en tiempo unos raptos singulares de sentido común, cosa que más bien le faltaba de ordinario. Estos raptos, eran como él mismo dijo cuando la ocurrencia de las gafas, intuiciones poéticas, y a veces verdaderas profecías.

Había previsto bien las pretensiones de su adversario. Cuando el Marqués fue informado por sus testigos de que Syme sólo podía batirse a la mañana siguiente, vio aparecer un obstáculo para su misión dinamitera en París. Pero no pudiendo explicarlo a sus amigos, obró como Syme lo esperaba. Indujo a sus testigos a que señalaran para el duelo un pradito que había cerca del ferrocarril, confiándolo todo a la fatalidad del primer encuentro.

Al verlo llegar impasible al campo de honor, nadie hubiera dicho que le inquietaba sobre todo la idea de perder el tren. Las manos en los bolsillos, el sombrero de paja echado hacia atrás, el sol daba sobre su hermosa cara bronceada. Pero —cosa extraña para el que ignorase su situación—, no sólo le acompañaban sus dos testigos con las armas, sino dos criados con una maleta y una cesta de comestibles.

Era muy temprano, pero el sol calentaba ya; Syme se admiraba de ver tantas flores de oro y plata entre aquella yerba que casi les llegaba hasta las rodillas. Con excepción del Marqués, todos llevaban el traje solemne, y unos sombreros negros como tubos de chimeneas. El Doctorcete, con la adición de sus famosas gafas negras, parecía un empresario de pompas fúnebres. Syme no pudo menos de advertir el contraste cómico de aquella procesión funeraria en aquel prado tan gozoso, brillante y florido. Sin duda el contraste cómico entre los capullos amarillos y los sombreros negros no era más que un símbolo de contraste trágico entre los capullos amarillos y la negrura moral de aquella escena. A la derecha se veía una mancha de bosque, y lejos, a la izquierda, brillaba la curva del ferrocarril, que Syme, por decirlo así, tenía que defender del Marqués, para quien aquella línea era la meta y el punto de escape. Al frente, detrás de los adversarios, Syme podía ver, semejante a una nube, un pequeño almendro florecido, sobre la vaga cinta del mar.

El miembro de la Legión de Honor, cuyo nombre era según parece el Coronel Ducroix, se acercó cortésmente al Profesor y al Dr. Bull, y propuso que el duelo fuera a primera sangre.

Pero el Dr. Bull, bien aleccionado por Syme sobre este punto estratégico, insistió con mucha dignidad y en un francés muy malo, sobre la necesidad de continuar hasta que uno de los contrincantes quedara inútil. Syme contaba con poder abstenerse de inutilizar al Marqués e impedir que éste lo inutilizara a él, por espacio mínimo de veinte minutos: tiempo bastante para que su contrincante perdiera el tren de París.

—Para un hombre de tanta presteza y valor como el señor de San Eustaquio —dijo el Profesor solemnemente—, sin duda es indiferente el método que se adopte, y nuestro apadrinado tiene buenas razones para pedir que el encuentro sea largo, razones cuya delicadeza me impide el ser más explícito, pero de cuya naturaleza justa y honorable yo puedo...

—¡Peste! —interrumpió el Marqués, a su espalda, poniendo una cara sombría—. Dejémonos de hablar, y empecemos.

Y decapitó una florecilla con el bastón.

Syme, que comprendía, miró de reojo instintivamente, por si el tren estaba a la vista: ni el humo se veía...

El Coronel Ducroix se arrodilló entonces, abrió la caja de espadas y escogió un par. Al sol, las espadas lanzaron dos vivos resplandores.

Ofreció una al Marqués, que se apoderó de ella sin ceremonia, y otra a Syme, que la tomó, la dobló, la pesó, y todo con tanta lentitud como lo consentía la decencia. Después, el Coronel sacó otras dos hojas, tomó una, ofreció al Dr. Bull la otra, y procedió a partir el campo.

Ambos combatientes se habían quedado en mangas de camisa y empuñaban ya las espadas. Los padrinos se mantenían a uno y otro lado del campo, con sus espadas también desnudas, pero conservando sus trajes y sombreros negros. Los combatientes se saludaron. El Coronel dijo:

—¡*Engagez*!

Y las dos hojas chocaron.

Al contacto del hierro, Syme sintió disiparse todos los fantásticos temores de antes, como se disipan los sueños al abrir los ojos. Los recordaba uno a uno, y le parecían meras alucinaciones nerviosas: el temor que el Profesor le infundiera, había sido como la opresión de una pesadilla; el miedo que le inspirara el Doctor, como el del vacío científico. En el primer caso, era el miedo tradicional ante la perenne posibilidad del milagro; en el segundo, el miedo mucho más moderno ante la absoluta imposibilidad del milagro. Pero en uno y otro caso, se trataba de temores imaginarios, comparados con el actual temor de la muerte, lleno de sentido común, despiadado y cruel. Syme se sentía como el que sueña toda la noche que rueda por un precipicio y, al despertar, recuerda que va a ser ahorcado. En cuanto vio brillar el reflejo del sol en la hoja del adversario, en cuanto sintió que se tocaban las dos lenguas de acero, vibrantes y vivas, comprendió que tenía que habérselas con un enemigo poderoso. Tal vez había llegado su última hora.

Toda la tierra cobraba, a sus ojos, un extraño valor. La yerba, bajo sus plantas, parecía vivir. El amor de la vida lo invadía todo. Hasta se figuró que oía crecer la yerba. Hasta se figuró que, en aquel momento, estaban brotando nuevas flores: flores rojas, flores amarillas y azules: toda la gama de la primavera. Y cuando sus ojos se encontraban con los ojos fríos, fijos, hipnóticos del Marqués, veía detrás de éste el almendro florido, contrastando sobre el azul del cielo. Se decía que, si por casualidad salía con vida de aquel lance, no desearía ya más en la vida que poder sentarse a contemplar el almendro.

Pero, mientras que una parte de su alma se entregaba a contemplar la tierra, el cielo y todas las cosas, considerándolas como otras tantas bellezas perdidas, la otra era como claro espejo de la realidad inmediata. Y, así Syme paraba los ataques de su enemigo con una exactitud del reloj, de que no se había creído capaz. Una vez la punta del arma enemiga corrió por su muñeca, trazando una línea de sangre; pero nadie lo advirtió o todos afectaron ignorarlo. De tiempo en tiempo contestaba, y una o dos veces le pareció que había tocado, pero como no había sangre en la camisa del contrario ni en la propia espada, supuso que se había equivocado.

Hubo un descanso y cambio de terreno. Después, continuaron.

A riesgo de perderlo todo, el Marqués, desviando los ojos, echó una mirada hacia la vía férrea. Después volvió hacia Syme una cara de demonio, y comenzó a multiplicar su ataques como si tuviera veinte espadas. Los ataques eran tan furiosos y continuos, que aquella espada parecía un chubasco de dardos. Syme no tuvo tiempo de echar un vistazo a los rieles; pero tampoco le hacía falta. Aquel frenesí que se había apoderado del Marqués indicaba a las claras que el tren de París estaba a la vista.

La energía desesperada del Marqués era superior a sus medios. Dos veces, Syme, al parar, lanzó fuera de la línea la punta del adversario; y la tercera, su respuesta fue tan rápida que no hubo duda: la espada de Syme se había doblado contra el cuerpo del Marqués, penetrándole. Syme estaba tan seguro de ello, como puede estar el jardinero de haber clavado en la tierra su azadón. Pero el Marqués había saltado atrás sin desconcertarse, y Syme, perplejo, examinaba la punta de su espada, buscando en vano una mancha de sangre.

Hubo un silencio rígido, y, a su vez, Syme cayó furiosamente sobre su contrario, lleno ahora de curiosidad. Probablemente el Marqués le era superior, como lo advirtió al principio del combate, pero en este momento el Marqués parecía vacilar y perder ventajas. Luchaba de un modo irregular y hasta débil, y estaba mirando continuamente la línea del ferrocarril, como si temiera más al tren que a la espada de su adversario. Por su parte, Syme aunque ferozmente se batía con cálculo y cuidado, intrigadísimo por el enigma de que no apareciera sangre en su hoja. Entonces empezó a apuntar menos al cuerpo que al cuello y a la cabeza. Minuto y medio más tarde, vio claramente que su punta entraba en el cuello del Marqués, debajo de la quijada. Pero la hoja volvió a salir limpia. Medio loco, atacó de nuevo, dando de tal modo sobre las mejillas del Marqués que debió haber hecho una carnicería. Con todo, no hubo ni un rasguño. Por un instante, el cielo de Syme se nubló con terrores sobrenaturales. Aquel hombre estaba embrujado. Este terror espiritual era más terrible que el simple enigma espiritual simbolizado en el paralítico que lo perseguía. El Profesor le había parecido un duende; pero este hombre era un diablo ¡tal vez era el Diablo! En todo caso, era seguro que tres veces le había penetrado la espada sin dejar huella. A este pensamiento, Syme se enardeció. Todo lo que en él había de bueno cantó en el aire como en los árboles las alas del viento. Recordó todas las circunstancias de su aventura: los farolillos venecianos del Saffron Park, los cabellos rojos de la muchacha del jardín, los honrados marineros que bebían cerveza junto a los muelles, la lealtad de los compañeros que presenciaban su combate. Tal vez él había sido señalado como campeón de todas las cosas buenas y nobles para cruzar los aceros con el enemigo de la creación. "Después de todo —se dijo— yo soy más que un diablo, soy un hombre: yo puedo hacer algo que le es imposible a Satanás: morir". Y al articular mentalmente esta palabra, oyó como un silbido lejano: era el tren de París.

Y volvió a la carga con agilidad sobrenatural. Como mahometano que quiere ganarse el Paraíso. A medida que se aproximaba el tren, Syme creía ver al pueblo de París ocupado en adornar los arcos triunfales; se sentía unido al rumor y gloria de la gran República, cuyas puertas estaba defendiendo contra los poderes infernales. Y sus pensamientos se expandían al crecer el zumbido del tren, que acabó en un largo y penetrante silbido de orgullo. Paró el tren.

De pronto, con gran asombro de todos, el Marqués saltó fuera del alcance del enemigo, arrojando al suelo su espada. El salto fue prodigioso, y más todavía si se considera que Syme acababa de meterle la espada en el muslo.

—¡Alto! —dijo el Marqués con voz que no admitía réplica— tengo que decir una cosa.

—¿Qué pasa? —preguntó el coronel Ducroix—. ¿Ha habido alguna irregularidad?

—Alguna ha habido —dijo el Dr. Bull algo pálido— nuestro amigo ha herido al Marqués cuatro veces por lo menos, sin que éste parezca sentirlo.

El Marqués levantó la mano con aire de espantoso dolor:

—Por favor déjenme hablar, que es importante. —Y, enfrentándose con su adversario—. Mr. Syme: estamos batiéndonos, si mal no recuerdo, porque usted manifestó el deseo, muy irracional a mi entender, de pellizcarme las narices. Le ruego a usted que tenga la bondad de pellizcármelas lo más pronto posible. Tengo que alcanzar el tren.

—Protesto contra semejante irregularidad —dijo el Dr. Bull indignado.

—En efecto, es algo opuesto a los precedentes —dijo el coronel Ducroix mirando con severidad a su amigo—. Creo que solamente hay un caso (el del capitán Belle-garde y el Barón Zumpt) en que, a petición de uno de los adversarios, las armas fueron cambiadas en mitad del duelo. Pero me parece un poco forzado asimilar una nariz a una espada.

—¿Quiere usted hacerme el favor de pellizcarme las narices? —insistió desesperado el Marqués—. ¡Ande usted, Mr. Syme! ¿Pues no quería usted hacerlo, no sabe usted lo que me importa? No sea usted tan egoísta: le suplico a usted que me pellizque las narices.

Y al decir esto, inclinaba la cara con una sonrisa de loco. El tren de París, jadeando y gruñendo, había llegado a una parada junto a una colina próxima.

Syme sintió entonces lo que varias veces había ya sentido en el curso de sus aventuras: una ola sublime y enorme pareció subir hasta el cielo y derrumbarse con él.

Y entonces, caminando sobre un suelo que ya le parecía fantástico, dio unos pasos adelante y pellizcó la nariz romana de aquel célebre aristócrata. Tiró fuerte: ¡y la nariz se le quedó entre los dedos!

Permaneció unos segundos hundido en solemne perplejidad, contemplando aquel ridículo apéndice de cartón. El sol, las nubes, las colinas boscosas parecían contemplar también aquella escena disparatada.

El Marqués rompió el silencio con voz clara y casi jovial:

—Si mi ceja del lado izquierdo puede serle útil a alguno, se la cedo. Coronel Ducroix, acepte usted mi ceja izquierda. Son cosas que pueden ser útiles algún día.

Y se arrancó gravemente una de aquellas admirables cejas asirías, trayéndose con ella casi la mitad de su gran frente morena. Después la ofreció cortésmente al Coronel, que permanecía mudo y encarnado de rabia.

—¡Si yo hubiera sabido —soltó al fin— que estaba apadrinando a un cobarde que se enmascara y se forra para batirse!...

—Ya lo sé, ya lo sé —dijo el Marqués, que a la sazón regaba por el campo a derecha e izquierda diversas partes de sí mismo—. Usted se equivoca al juzgarme. Pero ahora no tengo tiempo de dar explicaciones. El tren está en la estación.

—Sí —dijo con ferocidad el Dr. Bull— y el tren se irá de la estación. Y se irá sin usted. De sobra sabemos la obra infernal que...

El misterioso Marqués levantó los brazos desesperado. Aquel hombre, en mitad del campo, expuesto al sol, gesticulando bajo la máscara, parecía un extraño espantajo.

—¿Quieren ustedes volverme loco? —gritó—. El tren...

—No alcanzará usted el tren —dijo Syme con energía, blandiendo la espada.

El espantajo se volvió hacia Syme, y pareció reconcentrarse en un esfuerzo sublime antes de hablar:

—¡Cerdo, condenado, ciego, insensato, excomulgado, maldito de Dios, estúpido, loco abominable! —dijo sin tomar resuello—. ¡Grandísimo imbécil, cabeza de chorlito, cabeza a pájaros!...

—No tomará usted el tren —repitió Syme.

—¿Y para qué demonios quiero yo tomar el tren? —rugió el otro.

—Harto lo sabemos —dijo el Profesor con energía—. Para arrojar una bomba en París.

—¡Bombas y rayos y centellas sobre París y sobre Jericó! —gritó el otro arrancándose la cabellera—. ¿Están ustedes reblandecidos del cerebro, que no entienden lo que soy? ¿Pero están ustedes creyendo que quiero alcanzar ese tren? Por mí ya pueden marcharse a París veinte trenes. ¡Condenados trenes de París!

—Pues entonces ¿qué es lo que a usted le preocupa? —preguntó el Profesor.

—¿Qué me preocupa? No ciertamente alcanzar ese tren, sino evitar que me alcanzara; y ahora ¡santos cielos! ya me ha alcanzado.

—Siento decirle —observó Syme reprimiéndose— que sus explicaciones me resultan ininteligibles. Tal vez si se quita usted ese fragmento de frente postiza y un poco de lo que antes fue su barba le entenderemos mejor. La lucidez mental camina por muchos caminos. ¿Qué quiere usted decir con eso de que el tren le ha alcanzado? Puede que sea efecto de mi imaginación literaria, pero me parece que con eso quiere usted decir algo.

—Quiero decir todo y más que todo —gritó el otro—. Quiero decir que hemos caído en manos del Domingo.

—¿*Hemos?* —repitió el Profesor estupefacto—. Y ¿quiénes *hemos* caído?

—Los de la policía, nosotros, naturalmente! —dijo el Marqués, arrancándose el cuero cabelludo y la otra media cara.

Y decubrió una cabeza rubia, bien peinada, lisa —la cabeza típica del alguacil inglés— y una cara sumamente pálida.

—Soy el inspector Ratcliffe —dijo con una precipitación que ya era dureza—. Mi nombre es harto conocido en la policía; ya comprendo de sobra que ustedes también pertenecen al servicio. Pero, por si hay dudas... —y sacó la clásica tarjetita azul del chaleco. El Profesor hizo un gesto de cansancio:

—Por Dios —dijo—, no nos la muestre usted que ya tenemos bastantes para un juego de naipes.

El joven Bull tuvo, como suelen tener muchos hombres que parecen estar llenos de vivacidad vulgar, un rasgo de verdadero buen gusto. Fue él quien salvó la situación. En mitad de esta escena de transformismo, se adelantó algunos pasos con toda la gravedad de un padrino duelista, y se dirigió en estos términos a los dos padrinos del Marqués.

—Caballeros: les debemos a ustedes una satisfacción muy clara. Pero ante todo he de asegurar a ustedes que no han sido víctimas de una bajeza, como podrían suponerlo, ni de nada que pueda afectar el honor de un hombre. No han perdido ustedes su tiempo. Han ayudado a una obra de salvación. No somos bufones, sino pobres hombres que luchamos contra una inmensa conspiración. Una sociedad secreta de anarquistas nos anda dando caza como a unas liebres. No se trata de esos desdichados locos que, atiborrados de filosofía alemana, se atreven de cuando en cuando a lanzar una bomba, no, sino de toda una iglesia rica, poderosa, fanática. Una iglesia del pesimismo oriental, que está empeñada en aniquilar a los hombres como si fueran una plaga. Del encarnizamiento con que nos persiguen , ya pueden ustedes juzgar por el hecho de que nos obligan a usar estos disfraces, de que pido a ustedes perdón, y a cometer estas locuras de que les ha tocado a ustedes ser víctimas.

El segundo padrino del Marqués, un joven de pequeña estatura y bigotes negros, se inclinó cortésmente, y dijo:

—Acepto desde luego las excusas que usted tan amablemente nos ofrece; pero, a mi vez, pido a ustedes que me dispensen de seguirles más adelante en sus difíciles trabajos, y me permitan desearles aquí mismo muy buena suerte. El espectáculo de ver por el aire los fragmentos de un conciudadano conocido y particularmente eminente, como éste, es muy desusado para mí y, en suma, es mucho para un solo día. Coronel Ducroix: no quiero influir en sus decisiones, pero si usted opina, como yo, que nos encontramos en un ambiente algo anormal, le advierto que regreso ahora mismo a la ciudad.

El Coronel Ducroix se volvió mecánicamente: pero de pronto atusó sus bigotes canos y exclamó:

—¡No, por San Jorge! ¡No quiero! Si realmente estos caballeros están en lucha con esa pandilla de bribones que dicen, quiero acompañarlos hasta el fin. Yo he combatido ya por Francia; no sé qué pueda impedirme combatir por la civilización.

El Dr. Bull se descubrió y agitó el sombrero, gritando como en un mitin.

—No haga usted mucho ruido —dijo el inspector Ratcliffe—. El Domingo puede oírle.

—¿Domingo? —exclamó Bull dejando caer el sombrero.

—Si —replicó Ratcliffe—. Puede venir con los otros.

—¿Con quiénes? —preguntó Syme.

—Con los que bajen de ese tren —dijo el otro.

—Es desconcertante lo que usted dice —confesó Syme—. Pero vamos a los hechos... —Y de pronto, como el que presencia de lejos una explosión—: Pero ¡Dios mío! ¿De modo que todo el Consejo Anarquista estaba contra la anarquía? Todos éramos detectives menos el Presidente y su Secretario personal. ¿Qué significa esto?

—¿Qué significa? —dijo el descubierto policía con increíble violencia—. Significa que somos hombres muertos. ¿Acaso no conoce usted al Domingo? ¿No sabe usted que sus golpes son siempre tan sencillos y enormes que nunca se los espera? ¿Hay nada más conforme a la táctica de Domingo que el poner a sus enemigos más poderosos en el Supremo Consejo, y después cuidarse de que este consejo no pueda ser supremo? Les aseguro a ustedes que ha comprado todas las confianzas, ha cortado todos los cables, tiene en su mano todas las líneas del ferrocarril, y *ésta* especialmente.

Y señalaba con tembloroso índice a la pequeña estación.

—Todo el movimiento está regido por él. Medio mundo está dispuesto a levantarse en su nombre. Pero quedaban cinco desdichados que podían habérsele resistido... Y el demonio del viejo los metió en su Consejo Supremo para que se pasaran el tiempo acechándose mutuamente. ¡Somos unos imbéciles, y nuestra imbecilidad se conduce de acuerdo con las previsiones de ese hombre! Domingo comprendía que al Profesor se le había de ocurrir perseguir a Syme en Londres, y a Syme batirse conmigo en Francia. Y en tanto que él combinaba grandes masas de capitales y se apoderaba de las líneas telegráficas, nosotros, como buenos idiotas, andábamos uno tras otro como los nenes jugando al escondite.

—¿Y bien? —dijo Syme con cierta calma.

—Y bien, nada —dijo el otro tranquilizándose como por encanto—. Que ahora el Domingo nos encuentra jugando al escondite en un campo lleno de belleza rústica y de extremada soledad. Tal vez es dueño ya del mundo: sólo le falta apoderarse de este campo y de los locos que quedan en él. Y para que ustedes sepan cuál era mi temor respecto a la llegada del tren, helo aquí: a estas horas, Domingo o su Secretario acaban de bajar de ese tren.

Syme lanzó un grito involuntario, y todos volvieron la vista a la estación. Parecía que estaba bajando mucha gente, y que comenzaba a moverse en dirección a ellos. Pero no era fácil darse cuenta: estaban todavía muy lejos.

El difunto Marqués de San Eustaquio —dijo el Inspector sacando un estuche de cuero— tenía la costumbre de llevar siempre consigo unos gemelos de teatro. A la cabeza de esa muchedumbre, es seguro que viene el Presidente o el Secretario. En buen sitio nos cogen: aquí no hay riesgo de que caigamos en tentación de romper nuestras promesas llamando a la policía. Dr. Bull: se me figura que verá usted mejor con estos gemelos que con esas decorativas gafas negras.

Y le alargó los gemelos. El Doctor, quitándose las gafas, aplicó a sus ojos los gemelos.

—No, no hemos de tener tan mala suerte —dijo el Profesor, no muy seguro de lo que hablaba—. Parece que baja mucha gente, pero bien pueden ser turistas.

—Pero —preguntó Bull sin dejar de ver con los gemelos— ¿acaso los turistas acostumbran a usar antifaces negros?

Syme le arrancó los gemelos y se puso a mirar. La mayoría de ellos recién venidos no tenía nada de extraordinario; pero dos o tres de los que parecían conducirlos llevaban unos antifaces negros casi hasta la boca. El disfraz, a esa distancia sobre todo, era completo. Syme no pudo identificar aquellas mandíbulas, aquellas barbas afeitadas. Los disfrazados hablaban entre sí y sonreían. Uno de ellos, sólo sonreía con media cara.

CAPÍTULO XI

LOS MALHECHORES DANDO CAZA A LA POLICÍA

Syme apartó de sus ojos los gemelos con una emoción de alivio.

—No —dijo enjugándose la frente—; no viene el Presidente con ellos.

—Pero están todavía muy lejos —dijo el asombrado Coronel entrecerrando los ojos, y no completamente recobrado aún de la sorpresa que le causaran las explicaciones tan corteses como rápidas de Bull—. ¿Es posible que reconozca usted a su Presidente entre esa multitud?

—¡Cómo no había yo de reconocer a un elefante blanco! —dijo Syme como irritado.— Dice usted muy bien: están muy lejos; pero si él viniera con ellos... Créame usted, se estremecería la tierra.

Tras una pausa, el llamado Ratcliffe dijo con decisión:

—No: el Presidente no está con ellos. Yo hubiera deseado lo contrario. Quiere decir que a estas horas está entrando en triunfo en París o se sienta sobre las ruinas de la catedral de San Pablo.

—Eso es absurdo —dijo Syme—. Algo habrá hecho en nuestra ausencia, pero no es posible que haya arrasado al mundo en un instante—. Y después, considerando los llanos vecinos a la estación, continuó—: Es casi seguro, es seguro que una multitud se dirige hacia acá; pero no el ejército que usted dice.

Y el detective contestó con desdén:

—¿Esos? No, no son por sí mismos una fuerza formidable; pero advierta usted que está su fuerza calculada exactamente para dominarnos: nosotros no somos muchos, amigo mío, dentro de este universo sometido al Domingo. Él se ha apoderado ya previamente de todos los cables de telégrafos. Matar al Consejo Supremo es para él una cosa insignificante, como echar al correo una tarjeta postal; por eso la confía al Secretario.

Y escupió en la yerba. Después, volviéndose a los otros habló así con austeridad:

—Mucho bien puede decirse de la muerte; pero al que tenga alguna preferencia por el otro extremo, le aconsejo que me siga.

Y dicho esto se echó a andar presurosamente hacia el bosque. Los otros advirtieron que la nube humana se desprendía de la estación y entraba en el campo con misteriosa disciplina. Ya se podían distinguir a simple vista las manchas negras de los antifaces de los jefes. Entonces todos se apresuraron a seguir al Inspector que ya alcanzaba los linderos del bosque y desaparecía entre los follajes agitados.

El sol caía, seco y cálido, sobre la yerba. Al entrar en el bosque, sintieron el fresco de la sombra como el bañista que se arroja a la sombría alberca. El interior del bosque vibraba de rayos de sol y haces de sombra, que formaban un tembloroso velo como en la vertiginosa luz del cinematógrafo. Syme apenas podía distinguir las formas sólidas de sus compañeros, en aquellas danzas de luz y sombra. Ya se iluminaba una cabeza, dejando en la oscuridad el resto del cuerpo, con una súbita claridad rembrandtesca. Ya se veían unas manos blancas junto a una cabeza negra. El ex-Marqués se había echado sobre las cejas el sombrero de paja, y la sombra negra de la falda cortaba en dos su rostro de tal modo que parecía llevar un antifaz como sus perseguidores. Syme se puso a divagar ¿Llevaría Ratcliffe antifaz? ¿Lo llevaría realmente alguien? *¿Existiría realmente alguien?* Aquel bosque de encantamiento, donde los rostros se ponían alternativamente blancos y negros, ya entrando en la luz, ya desvaneciéndose en la nada, aquel caos de claroscuro (después de la franca luminosidad de los campos) era a la mente de Syme un símbolo perfecto del mundo en que se encontraba metido desde hacía tres días; aquel mundo en que los hombres se quitaban las barbas, las gafas, las narices, y se metamorfoseaban en otros. Aquella trágica confianza en sí mismo, de que se sintió poseído cuando se figuró que el Marqués era el mismo Diablo, había desaparecido del todo, ahora que el Marqués se le había convertido en un aliado. En tal desazón, casi se preguntaba qué es un amigo y qué es un enemigo. Las cosas, aparte de su apariencia, ¿tendrían alguna realidad? El Marqués se arrancaba las narices y se transformaba en detective. ¿No podría igualmente quitarse la cabeza y quedar hecho un espectro? Después de todo, ¿no era todo a la imagen y semejanza de aquel bosque brujo, de aquel incansable bailoteo de luz y sombra? Todo podía ser un resplandor fugaz, un destello siempre imprevisto y pronto olvidado. Porque en el interior de aquel bosque salpicado de sol, Gabriel Syme encontraba lo que muchos pintores modernos han encontrado: lo que hoy llaman "impresionismo", que sólo es un nuevo nombre del antiguo escepticismo, incapaz de encontrarle fondo al universo.

Como el que, entre los horrores de la pesadilla, se esfuerza por despertarse y gritar, Syme hacía lo imposible por librarse de esta última y más abominable de todas sus alucinaciones. En dos trancos alcanzó al hombre que llevaba el sombrero de paja del Marqués, el hombre a quien ahora había de llamar por el nombre de Ratcliffe. Y con exagerados gritos rompió así aquel horrendo e inacabable silencio:

—¿A dónde vamos, si se puede saber?

Y tan sincero había sido su sobresalto, que se sintió lleno de alegría al oír la voz humana, común y sonriente de su compañero:

—Hay que ir al mar por Lancy. Espero que Lancy no estará por ellos.

—¿Qué quiere usted decir? —preguntó Syme— No es posible que dominen la tierra hasta ese punto. Hay muchos obreros que no son anarquistas y, cuando todos lo fueran, las multitudes desorganizadas no pueden hacer frente a los modernos ejércitos de la policía.

—¡Multitudes desorganizadas! —repitió el nuevo aliado—. Habla usted de multitudes y de la clase obrera como si de eso se tratara. Participa usted por lo visto de esa estúpida teoría que pone en las clases pobres el origen del anarquismo. ¿Por qué ha de ser así? Los pobres han sido rebeldes, pero nunca anarquistas. Están más que nadie interesados en mantener un gobierno honrado. El pobre tiene profundas raíces en su tierra. El rico no: puede un buen día tomar el yate y marcharse hacia la nueva Guinea. El pobre ha protestado a veces contra el mal gobierno; pero el rico ha protestado contra todo gobierno. Los aristócratas fueron siempre anarquistas: vea usted el caso de las guerras feudales.

—Sí, no está mal como conferencia la historia patria para los niños —dijo Syme—; pero aún no veo la aplicación.

—La aplicación es —dijo el otro— que la mayoría de los auxiliares del Domingo son millonarios sudafricanos y americanos. Por eso se ha apoderado de todas las comunicaciones. Por eso los últimos cuatro campeones de la policía antianarquista andan huyendo como conejos, por el bosque.

—Entiendo lo de los millonarios, que siempre han sido unos locos —dijo Syme, reflexivo—. Pero una cosa es apoderarse de unos cuantos viejos maniáticos y depravados, y otra es apoderarse de las grandes naciones cristianas. Yo apuesto mis narices (perdone usted la alusión), a que Domingo no tiene poder alguno para convertir a cualquier persona cuerda y normal.

—Todo depende de la persona.

—Ésa, por ejemplo —contestó Syme señalando frente a sí.

Habían llegado a un espacio claro lleno de sol: aquello era, para Syme, la vuelta al buen sentido. En medio de aquel claro, había un hombre que bien podía considerarse como representante del buen sentido. Tostado por el sol, empapado en sudor, poseído de la gravedad habitual del que se ocupa en neceseres modestos, un pesado campesino francés estaba cortando leña con un hacha. A algunos pasos de allí se encontraba su carro a medio llenar; y el caballo que pacía la yerba era, como su amo, valeroso sin extremos, y próspero aunque triste. Era un normando, de talla más alta que la habitual entre los franceses, y de facciones muy angulosas. Su silueta destacaba sobre un cuadro de luz, como una alegoría del trabajo, como un fresco sobre un fondo de oro.

—Syme afirma —dijo Ratcliffe dirigiéndose al Coronel— que este hombre no podría ser nunca un anarquista.

—Y Mr. Syme tiene razón —dijo riendo el Coronel—, como que ese hombre tiene una propiedad que defender. Pero me olvidaba de que en el país de ustedes los campesinos no suelen ser ricos.

—Éste parece ser pobre —observó el Dr. Bull.

—Exactamente —asintió el Coronel—, y por eso es rico.

—Se me ocurre una idea —dijo de pronto el Doctor Bull—. ¿Cuánto pediría por llevarnos en su carro? Esos perros vienen a pie, pronto los dejaríamos atrás.

—Propóngale usted lo que quiera —dijo Syme—. Llevo bastante dinero.

—No —advirtió el Coronel—, si no regateamos no nos tomará en serio.

—Es que si regatea... —dijo Bull con impaciencia.

—Es que regateará, porque es hombre libre. No entienden ustedes. La generosidad le resultaría inexplicable. No es hombre para recibir propinas.

Y aunque ya casi escuchaban las pisadas de sus perseguidores, tuvieron que detenerse un rato, mientras que el Coronel francés y el leñador francés charlaban con la charlatanería usual en todo mercado. A los pocos minutos vieron que tenía razón el Coronel. El leñador aceptó el trato, no con el servilismo del criado bien pagado, sino con la seriedad de un procurador que ha arreglado los honorarios justos. Según la opinión del Coronel, lo mejor era dirigirse a un albergue que había en la colinas de Lancy, cuyo posadero, un veterano convertido en devoto en sus últimos años, no dejaría de simpatizar con ello, y aun pudiera ser que se prestare a ayudarles.

Se arreglaron todos en el carro, acomodándose como pudieron sobre los haces de leña, y empezaron a rodar por el otro lado del bosque, que era lo más pendiente. Aunque el vehículo era pesado e incómodo, corría bastante, y pronto tuvieron la agradable impresión de que iban dejando atrás a sus extraños perseguidores. Porque todavía era un enigma el que los anarquistas hubieran reclutado tantos secuaces para aquella persecución. Por lo demás, la presencia de un solo hombre hubiera bastado: al reconocer la monstruosa sonrisa del Secretario, se habían puesto todos en fuga. Syme miraba de tiempo en tiempo hacia atrás, por si descubría al ejército enemigo.

A medida que el bosque se empequeñecía con la distancia, fueron siendo visibles las colinillas doradas de uno y otro lado; y por allí se veía moverse aquel cuadro negro, como un gigantesco escarabajo. A plena luz, . con sus ojos, que eran casi telescópicos, Syme distinguía muy bien aquella masa humana. Hasta percibía las figuras separadas; pero notaba también con extrañeza que todos se movían como un solo hombre. Parecían llevar traje oscuro y sombrero ordinario; pero no se dispersaban ni adelantaban en desorden como lo hubiera hecho una muchedumbre vulgar. Su uniformidad era temerosa y mecánica. Aquello parecía un ejército de autómatas.

Syme lo hizo notar a Ratcliffe.

—Sí —dijo el Inspector—, eso es disciplina. Se ve la mano del Domingo. Tal vez está a cien millas de aquí, pero su temor los gobierna a todos, como el dedo de Dios. Vea usted con qué regularidad marchan, y podría usted apostarse sus botas a que hablan y piensan con la misma regularidad. Lo que a nosotros nos importa es que van desapareciendo con la misma regularidad.

Syme aprobó con la cabeza. Era verdad: la mancha negra de los perseguidores iba disminuyendo a cada azote que el campesino descargaba sobre su caballo.

El nivel del terreno, aunque generalmente uniforme, se escalonaba al otro lado del bosque y en dirección al mar en ondas escarpadas que recordaban las dunas de Sussex. Sólo en Sussex el camino solía ser quebrado y anguloso, como un arroyo, mientras que este blanco camino francés caía ante ellos como una catarata. El carro rechinaba por la abrupta pendiente, y a poco andar, donde la pendiente era mayor, pudieron ya divisar el puertecito de Lancy y el inmenso arco azul del mar. La nube viajera de sus enemigos había desaparecido en el horizonte.

El caballo y el carro viraron junto a unos olmos del camino, y el caballo casi dio de hocicos sobre la cara de un anciano que estaba sentado en la banca exterior de un modesto cafetín: *Le Soleil d'Or*. El campesino murmuró una excusa y saltó del asiento. Los otros descendieron uno por uno, y saludaron al anciano con una cortesía abreviada. Sus maneras hospitalarias les hicieron comprender que era el dueño de la taberna.

Era un viejo de cabellos blancos y cara como una manzana, ojos soñadores, bigote gris. Quieto, sedentario, inofensivo, era un tipo muy común en Francia y más todavía en la Alemania Católica. Todo en él, su pipa, su jarro de cerveza, sus flores, su colmena, daba idea de una paz inmemorial; pero cuando sus visitantes entraron en la sala, pudieron ver la espada que colgaba del muro.

El Coronel, que había saludado al posadero como a un viejo amigo, entró a la sala y pidió los obligados refrescos. La decisión militar del Coronel le había interesado a Syme. Se sentó junto a él y, en cuanto el anciano posadero los dejó solos, quiso satisfacer su curiosidad.

—Coronel —dijo en voz baja—. ¿Quiere usted decirme por qué hemos venido aquí?

Y el coronel Ducroix, sonriendo desde sus hirsutos bigotes, le contestó:

—Por dos razones, caballero. Sea la primera la más utilitaria ya que no la más importante. Hemos venido aquí, porque en veinte millas a la redonda, sólo aquí se encuentran caballos.

—¡Caballos! —exclamó Syme clavando en él sus ojos.

—Sí. Para dejar atrás a los enemigos, como no lleven ustedes en los bolsillos bicicletas o automóviles, hacen falta caballos.

—¿Y dónde debemos dirigirnos? —preguntó Syme.

—Al puesto de policía que está al otro lado de la ciudad, y a toda prisa. Este mi amigo, a quien he apadrinado en tan penosas circunstancias, me parece que exagera mucho las posibilidades de un levantamiento general. Pero supongo que no se atreverá a negar que entre los gendarmes se encontrarán ustedes seguros. Syme asintió gravemente. Después preguntó:

—¿Y la otra razón para venir aquí?

—La otra razón para venir aquí —dijo lacónicamente Ducroix— es que nunca está por demás encontrarse con uno o dos hombres honrados cuando se está en peligro de muerte.

Syme, al alzar los ojos, vio en la pared un cuadro religioso, patético y crudamente pintado.

—Tiene usted razón —y añadió después—. ¿Han ido ya a buscar los caballos?

—Sí —contestó Ducroix—. Ya comprenderá usted que di órdenes en llegando. Aunque los enemigos no parecían apresurarse, realmente andaban muy de prisa, como un ejército disciplinado. No tenía yo idea de que los anarquistas fueran disciplinados. No deben ustedes perder un instante.

A esto se presentó el viejo posadero de los ojos azules y los cabellos blancos, anunciando que afuera esperaban seis caballos ensillados.

Por consejo de Ducroix, los otros cinco se abastecieron de vino y provisiones de boca, y armándose con las espadas del duelo, únicas armas de que disponían, galoparon por el camino blanco y escarpado. Los dos criados que habían traído el equipaje del antiguo Marqués se quedaron bebiendo en el café, con gran deleite suyo, por consentimiento común de los amos.

El sol de la tarde comenzaba a descender a occidente. A su fulgor, Syme vio disminuir poco a poco la esbelta figura del posadero que los contemplaba en silencio. En la plata de sus cabellos brillaba el sol. Syme recordaba las palabras del Coronel; pensaba supersticiosamente que quizás aquel era el último hombre honrado con quien se había encontrado en este mundo.

Aún contemplaba aquella figura evanescente, que ya parecía una mancha gris coronada por un toque de plata sobre el verde muro de la ladera, cuando, sobre la colina y detrás del posadero, vio aparecer un ejército de hombres vestidos de negro. Parecían suspendidos sobre la cabeza de aquel hombre honrado y sobre su casa como una nube negra de langostas. ¡A tiempo habían ensillado los caballos!

CAPÍTULO XII

LA TIERRA EN ANARQUÍA

Poniendo al galope los caballos, sin reparar en la pendiente, pronto los jinetes recobraron la ventaja perdida; pronto las primeras casas de Lancy los ocultaron de sus perseguidores. La cabalgata había sido larga. Al llegar al pueblo, el occidente empezaba a encenderse con los colores del crepúsculo. El Coronel sugirió la idea de que, antes de dirigirse a la estación de policía, procuraran una alianza que podría serles de mucha utilidad.

—De los cinco ricos que hay en el pueblo —dijo cuatro son unos tramposos vulgares. La proporción es idéntica en todo el mundo. El quinto, amigo mío, es un excelente sujeto. Y, lo que ahora nos importa más, tiene un automóvil.

—Me temo —dijo el Profesor con su habitual jovialidad, contemplando el camino por donde la mancha negra y rampante podía aparecer de un momento a otro—, me temo que no tengamos tiempo para visitas vespertinas.

Y el Coronel:

—La casa del Dr. Renard está a tres minutos de aquí.

—Nuestro daño —dijo el Dr. Bull— está a menos de dos minutos.

—Sí —dijo Syme—; pero cabalgando un poco volveremos a dejarlos atrás, porque están a pie.

—Consideren ustedes que mi amigo tiene un automóvil— replicó el Coronel.

—No nos lo dará —dijo Bull.

—Sí, es de los nuestros.

—Pero puede no estar en casa.

—Silencio —dijo Syme de pronto—; ¿qué ruido es ese?

Por unos segundos se quedaron inmóviles como estatuas ecuestres. Y por uno, dos, tres, cuatro segundos, cielo y tierra parecieron suspenderse también.

Después, con agonizante atención, oyeron llegar desde el camino ese rumor palpitante e indescriptible que anuncia a las caballerías.

Hubo un cambio instantáneo en la fisonomía del Coronel, como si le hubiera caído un rayo dejándolo ileso.

—Nos han cogido —dijo con breve ironía militar— ¡Cuadro contra caballería!

—¿De dónde sacaron los caballos? —preguntó Syme, poniendo maquinalmente su montura al galope.

Calló un instante el Coronel. Después dijo con turbado acento:

—He dicho una verdad estricta al asegurar que sólo en el *Soleil d'Or* hay caballos en veinte millas a la redonda.

—¡No! —gritó Syme— Ese hombre no puede haberlo hecho. ¡Con aquellos cabellos blancos!...

—Bien pueden haberlo obligado —dijo con suavidad el Coronel—. Pueden ser hasta un ciento. Razón por la cual vamos ahora mismo a casa de mi amigo Renard, que tiene automóvil.

Con estas palabras dobló la esquina a toda rienda, tan de prisa que los otros, aunque también al galope, apenas podían seguir la cola voladora de su caballo.

El Dr. Renard habitaba una casa alta y confortable al lado de una calle pendiente. Cuando los jinetes desmontaron a su puerta, pudieron ver desde la calle las ondulantes colinas y el camino blanco sobre los techos de la ciudad. Se detuvieron para comprobar que aun no había bultos por el camino y luego sonaron la campanilla.

Era el Dr. Renard un hombre radiante, barbas negras, buen ejemplo de esa clase profesional, silenciosa y saturada, que en Francia se ha preservado mucho mejor que en Inglaterra. Cuando le explicaron el asunto, comenzó por reírse del pánico del ex Marqués. Con sólido escepticismo galo, declaró que un levantamiento anarquista general era inconcebible.

—¡Anarquía! —dijo encogiéndose de hombros— ¡Disparate!

—Et ça? —exclamó el coronel señalándole un punto que quedaba a su espalda—. Eso también es disparate, ¿verdad?

Todos miraron hacia allá. Una curva de caballería negra salía, galopando, por la cima de la colina, con el ímpetu de las hordas de Atila. Aunque caminaban de prisa, mantenían las filas unidas, y la primera fila de faldas de sombreros guardaba un nivel uniforme y militar. El cuadro principal era el mismo de antes, pero la pendiente de la colina permitió apreciar una diferencia. Frente a la masa de jinetes, cabalgaba uno, fustigando su caballo con pies y manos. Más parecía perseguido que perseguidor. Aunque distante, había en su porte y actitud algo tan fanático, tan inconfundible, que reconociera en él al Secretario.

—Lamento tener que cortar esta interesante discusión —dijo el Coronel— ¿Puede usted prestarnos su motor ahora mismo?

—Me está pareciendo que todos ustedes se han vuelto locos —dijo el Dr. Renard, con una amable sonrisa—. Pero Dios no quiera que la locura sea un obstáculo a la amistad: vamos al garage.

El Dr. Renard era un hombre bondadoso y riquísimo. Su casa era un museo de Cluny. Poseía tres automóviles. Parecía usarlos con mucha mesura: tenía los gustos sencillos de la clase media francesa. Cuando sus impacientes amigos se acercaron a examinarlos, hubo que gastar un rato en convencerse de que uno de los tres automóviles por lo menos estaba a disponibilidad. Con alguna dificultad lo arrastraron a la calle, frente a la puerta del doctor. Al salir del sombrío garage, vieron con sorpresa que el crepúsculo adelantaba con la rapidez de la noche en los trópicos. O habían permanecido en aquel sitio más tiempo del que se figuraron, o había caído sobre el pueblo algún nubarrón inesperado, como un dosel. A lo largo de la calle, les pareció que empezaba al alzarse la niebla marina.

—Ahora o nunca —dijo el Dr. Bull— oigo caballos.

—No, —corrigió el Profesor— se oye un caballo.

Escucharon. Evidentemente, aquel ruido no era el de una cabalgata, sino del jinete que se había adelantado a los otros: era el frenético Secretario.

La familia de Syme, como la mayor parte de los que acaban en la "vida sencilla", había tenido automóvil en otro tiempo, y Syme sabía guiar con mucha destreza. Saltó al asiento del chauffeur y empezó, congestionado y forcejeante, a estrujar y remover la abandonada máquina. Concentró toda su energía sobre una palanca, y luego declaró tranquilamente:

—Me parece que no anda.

Apenas hubo dicho esto, cuando apareció por la esquina un hombre rígido sobre su volador corcel, como es rígida y veloz una flecha. Una sonrisa pareció dislocar su barba. Se acercó al coche estacionario, donde los otros estaban amontonados, y puso su mano sobre la testera. Era el Secretario: la solemnidad del triunfo casi puso recta su boca.

Syme continuaba forcejeando sobre el volante. No se oía más ruido que el de los demás perseguidores que ya entraban, cabalgando, por la ciudad. De pronto, con un chirrido de hierros enmohecidos, el auto saltó. El Secretario fue arrancado de la montura como cuchillo que sale de la vaina; y, arrastrado por el movimiento del auto por espacio de veinte pasos, entre terribles sacudidas, quedó al fin tendido en mitad de la carretera, lejos del espantado caballo. Cuando, con espléndida curva, el auto dobló la esquina, se vio salir por el otro extremo la fuerza anarquista, que en un instante llenó la calle y acudió en socorro de su jefe.

—No me explico como ha oscurecido tanto —dijo al fin el Profesor en voz baja.

—Probablemente va a caer un chubasco —contestó el Dr. Bull—. Es lástima que no traigamos linterna en el auto para alumbrar el camino.

—Sí, traemos una —dijo el Coronel, y sacó de bajo los asientos una linterna pesada, anticuada, de hierro forjado. Era una verdadera antigüedad. Se veía que había servido para algún objeto religioso; en una de sus caras tenía una tosca cruz.

—¿De dónde ha sacado usted eso? —preguntó el Profesor.

—De donde he sacado el auto —contestó el Coronel sonriendo—, de la casa de mi mejor amigo. Mientras que nuestro amigo Syme estaba luchando con el volante, corrí a la puerta de la casa, donde, como usted recordará, Renard nos veía partir. "¿No habrá tiempo de conseguir una linterna?", le pregunté. Él, siempre amable, alzó los ojos hacia el hermoso arco del vestíbulo. Allí suspendida de una rica cadena de hierro, estaba esta linterna, que es uno de los muchos tesoros de la casa Renard. Me la dio, y yo la metí en el auto. ¿Tenía yo razón al asegurar a ustedes que valía la pena acercarse al Dr. Renard?

—Tenía usted razón —dijo Syme, y colgó la linterna en la testera. El moderno automóvil, guiado por la luz de la linterna eclesiástica, era, a la vez que un contraste, toda una alegoría.

A esto pasaban por la parte más quieta de la ciudad. Apenas encontrarían uno o dos transeúntes, que no podrían darles idea cabal del aire favorable u hostil de la población. Pero ya las ventanas empezaban a iluminarse, lo cual daba una impresión de tierra habitada y humanitaria. El Dr. Bull, volviéndose hacia el Inspector, que había sido el guía durante la fuga, se permitió una de sus sonrisas tan amables y naturales.

—Estas luces alegran.

El Inspector Ratcliffe frunció el ceño.

—Sólo una luz puede alegrarme —dijo—, y es la del puesto de policía que creo distinguir al otro extremo de la ciudad. Dios quiera que lleguemos allá antes de diez minutos.

El buen sentido, el optimismo de Bull, se sublevaron.

—Todo eso es locura —exclamó—; si usted se figura que todas esas casas están llenas de anarquistas, está usted más loco que un anarquista. Si hiciéramos frente a esos sujetos toda la población combatiría al lado nuestro.

—No —dijo el otro con desconcertante sencillez—. Toda la ciudad combatiría al lado de ellos. Lo va usted a ver.

Mientras esto hablaban, el Profesor, inclinado, escuchaba con gran inquietud.

—¿Qué ruido es ése? —preguntó.

—Supongo que es la caballería —dijo el Coronel—. Creí que ya la habíamos dejado muy atrás.

Apenas había dicho esto, cuando por la bocacalle de enfrente, vieron pasar a todo correr dos objetos brillantes que hacían un ruido pesado. Aunque pasaron muy de prisa, todos se dieron cuenta de que eran dos autos. El Profesor, pálido, juró que eran los otros dos autos del garage del Dr. Renard.

—Aseguro a ustedes que son los mismos —insistió con asombrados ojos—. Y están llenos de enmascarados.

—Eso es absurdo —dijo el Coronel con disgusto—. El Dr. Renard nunca hubiera consentido...

—Bien pueden haberle obligado —le interrumpió Ratcliffe con intención—. Todo el pueblo está con ellos.

—Pero ¿es posible que crea usted eso? —preguntó el Coronel.

—Y usted lo creerá también dentro de poco, —dijo el otro con la tranquilidad de la desesperación. Hubo un silencio, y el Coronel dijo al fin:

—No, no puedo creerlo. Es muy absurdo. ¡Todo el pueblo de una pacífica ciudad de Francia!...

Pero le interrumpió una detonación y un fulgor que pareció estallar en sus ojos. En su vertiginosa carrera, el auto dejó tras de sí una mota de humo en el aire. Syme había oído silbar una bala.

—¡Dios mío! —dijo el Coronel—. Han disparado sobre nosotros.

—Pero no por eso se interrumpa usted —dijo Ratcliffe, como con encono—. Continúe usted, Coronel. Hablaba, creo, del honrado pueblo de una pacífica ciudad de Francia.

El asombrado Coronel no estaba para reparar en burlas. Recorría la calle con la mirada, diciendo:

— ¡Es extraordinario, es de lo más extraordinario!

—Y hasta de lo más desagradable, para decirlo con toda exactitud —observó Syme—. Pero me imagino que esas luces que se ven al término de la calle son las luces del puesto de policía. Ya vamos a llegar.

—No —dijo el Inspector Ratcliffe—, nunca llegaremos.

Se había incorporado y escrutaba el horizonte. Después se sentó, alisándose los tersos cabellos con un ademán de cansancio.

—¿Qué quiere usted decir? —le preguntó Bull con aspereza.

—Quiero decir que nunca llegaremos al puesto —repitió el pesimista con cierto matiz de placidez—. Ya por todo el camino han formado dos filas armadas. Se les puede ver desde aquí. La ciudad se levanta en armas como yo lo venía diciendo. No me queda más que sumergirme cómodamente en la agradable emoción que me causa el éxito de mis previsiones.

Y Ratcliffe se arrellanó cómodamente en el asiento y encendió un cigarrillo, mientras que los otros se incorporaban espantados, para explorar a su vez la carretera. Syme había comenzado a morigerar la carrera al ver que los planes eran dudosos. Acabó por parar el auto en la esquina de una calle que bajaba en rápida cuesta hacia el mar.

Aunque la ciudad estaba envuelta en sombras, el sol aun no se ocultaba del todo. Donde aun tocaban sus últimos reflejos, se veían como unas llamas doradas. En lo alto de la calle lateral, la última luz brillaba en una franja viva y estrecha como la proyección de luz artificial en los teatros, y daba de lleno sobre el auto que parecía arder. Pero en el resto de la calle, y especialmente en los extremos, había una penumbra tan cargada, que por un momento los cinco fugitivos no pudieron ver cosa alguna. Syme, que era el de mejor vista, lanzó un siseo amargo y dijo:

—Es verdad. Hay una multitud, o un ejército, o algo parecido, al extremo de la calle.

—En ese caso —dijo Bull con impaciencia—, será por alguna otra causa: algún simulacro, el aniversario del alcalde o cosa semejante. Yo no quiero ni pudo admitir que la honrada gente de Dios, y en un lugar como éste, ande por las calles con los bolsillos atestados de dinamita. Avancemos un poco, Syme, y examinemos eso de cerca.

El auto se arrastró unos veinte pasos, y entonces el Dr. Bull soltó una carcajada estrepitosa:

—¡Oh, hatajo de imbéciles! —exclamó—. ¿Qué decía yo? Esa multitud está más dentro de la ley que un manso cordero. Y aun cuando así no fuera, están de nuestra parte.

—¿Cómo lo sabe usted? —preguntó el Profesor.

—Pero ¿está usted más ciego que un murciélago? —contestó Bull— ¿No está usted viendo quién los conduce?

Todos aguzaron la vista. Y el Coronel, con voz turbada, exclamó:

—¿Cómo? ¡Es Renard!

En efecto: unas sombras corrían al extremo de la calle; apenas se las podía distinguir. Lejos, lo bastante ya para entrar en la zona de luz, se veía al inconfundible Dr. Renard yendo de aquí para allá. Llevaba un sombrero blanco que contrastaba con sus barbas negras, y en la mano izquierda un revólver.

—¡Qué loco he sido! —exclamó el Coronel—. Claro, el excelente amigo ha corrido en nuestro auxilio.

El Dr. Bull se ahogaba de risa, y blandía la espada con descuido, como quien juega con un bastón. Saltó del auto y corrió calle arriba, gritando:

—¡Dr. Renard! ¡Dr. Renard!

Un instante después, Syme pensó que hasta los ojos se le habían vuelto locos. ¿Qué había visto? El filantrópico Dr. Renard, apuntando deliberadamente sobre Bull, había hecho dos disparos. La doble detonación resonó por la calle.

Casi al mismo tiempo que el humo blanco de aquella increíble explosión, el cínico Ratcliffe sacaba de su cigarrillo otra nube blanca. Estaba, como los demás, algo pálido, pero sonreía. El Dr. Bull, a quien casi las balas le habían rozado la cabeza, se quedó inmóvil en mitad de la calle sin dar señales de miedo. Después se. volvió lentamente y trepó al auto. Volvía con dos agujeros en el sombrero.

—Y bien —dijo lentamente el fumador—. ¿Qué opina usted ahora?

—Que me parece —dijo el Dr. Bull con precisión—, que estoy en mi cama, en el Nº 217 de Peabody Buildings, y que de un momento a otro voy a despertar sobresaltado. Y si no, que estoy metido en una celdita acolchada de Hanwell, y que el médico me considera como caso desesperado. Pero si quiere usted saber lo que me parece, voy a decírselo: no me parece posible lo que a usted le parece posible. Yo no puedo admitir, ni admitiré nunca, que la masa humana sea un conglomerado de abominables pensadores modernos. No, señor mío, yo soy demócrata; no puedo admitir que el Domingo sea capaz de convertir a sus doctrinas a un pobre peón o bracero. No: yo podré estar loco, pero la humanidad no está loca.

Syme volvió hacia Bull sus ojos azules con una vivacidad de emoción que era rara en él:

—Es usted, un hombre excelente —le dijo—. Es usted capaz de creer en la cordura de los demás, como cosa distinta de la propia cordura. Juzga usted bien a la Humanidad, cuando se refiere a los campesinos, a la gente humilde como aquel hermoso anciano de la posada. Pero no tiene usted razón en el caso de Renard. Yo desconfié de él desde el primer instante. Es un nacionalista: y lo que es peor es un rico. Sólo los ricos se atreverán a destruir el deber y la religión.

—Y aquí, la verdad, podemos darlos por destruidos —dijo el impertinente fumador, y se puso de pie con las manos en los bolsillos—. He aquí que los demonios se acercan.

Todos miraron ansiosamente en dirección a la soñadora mirada de Ratcliffe: el regimiento comenzaba a avanzar desde el extremo de la calle. A su cabeza marchaba decidido el Dr. Renard, la barba agitada por el viento.

El Coronel saltó del auto con una exclamación:

—Caballeros —dijo—, esto es increíble. Parece una broma. ¡Si conocieran a Renard como yo le conozco!... Esto es como ver a la Reina Victoria convertida en dinamitera. ¡Si ustedes tuvieran en la cabeza la menor idea del carácter de ese hombre!...

—El Dr. Bull —dijo Syme, sardónico—, la tiene por lo menos en el sombrero.

—Les digo a ustedes que es imposible —exclamaba el Coronel pateando de rabia—. Renard tendrá que explicarse, tendrá que explicarme lo que pasa—. Y avanzó rápidamente hacia el enemigo.

—No se moleste usted —murmuró del cigarrillo—. ¡Si ya a va venir él a explicárnoslo!

Pero ya el impaciente Coronel no pudo oírle, y siguió avanzando. Y he aquí que el Dr. Renard, ardoroso, apunta otra vez con la pistola. Pero, advirtiendo que se trata del Coronel, vacila, y en tanto el Coronel se le acerca, haciendo ademanes frenéticos de protesta.

—Es inútil —dijo Syme— nada obtendrá de ese viejo caníbal. Propongo que nos arrojemos sobre ellos con el auto, tan rápidos como las balas que le agujerearon el sombrero a Bull. Nos matarán a todos, pero mataremos buen número.

—No —dijo el Dr. Bull, cuyo acento vulgar parecía acentuarse con la sinceridad de su virtud—, no; esa pobre gente padece un error. Demos tiempo a que el Coronel se explique.

—¿Debemos retroceder entonces? —preguntó el Profesor.

—No —dijo Ratcliffe fríamente—, el otro extremo de la calle está tomado también. Y si no me engaño, Syme, allá me parece ver a otro amigo de usted.

Syme hizo girar el auto con mucha destreza, dando ahora frente al camino recorrido. En la penumbra, se veía avanzar al galope a un cuerpo irregular de caballería. El jinete que venía a la cabeza, traía una espada en la mano, a juzgar por el reflejo de plata. Cuando se hubo acercado más, se vio también el reflejo de plata de sus cabellos. Entonces con terrible violencia, Syme volvió otra vez el auto y lo lanzó cuesta abajo hacia el mar, como hombre que sólo quiere la muerte.

—Pero ¿qué demonios le pasa a usted? —gritó el Profesor colgado a su brazo.

—¡Que se ha caído la estrella de la mañana! —dijo Syme, mientras el auto rodaba hacia abajo, como otra estrella.

Los otros, no lo entendieron. Pero, volviendo la vista, vieron venir por la cuesta la caballería enemiga. A su cabeza, cabalgaba el buen posadero, envuelto en los inocentes resplandores del día moribundo.

—¡El mundo se ha vuelto loco! —gimió el Profesor ocultando el rostro entre las manos.

—No —dijo el Dr. Bull con adamantina humildad— soy yo quien se ha vuelto loco.

—¿Qué haremos? —preguntó el Profesor.

—En este momento —contestó Syme con científico desinterés— lo que vamos a hacer es estrellarnos contra un poste de luz eléctrica.

Y en efecto, un instante después, el auto chocaba con catastrófico escándalo contra un objeto de hierro. Otro instante más, y los cuatro hombres salían de entre los escombros de un caos metálico, y el poste que los había detenido al borde de la avenida yacía torcido como el tronco de un árbol roto.

—¡Vaya, algo hemos destrozado —dijo el Profesor con leve sonrisa—. Siempre es un consuelo.

—También usted se está volviendo anarquista —dijo Syme limpiándose la ropa por un impulso habitual de asco.

—Todo el mundo lo es ya —dijo Ratcliffe.

Entre tanto, el posadero de los cabellos blancos y su ejército caían como un trueno por la calle, mientras que, a lo largo del mar, un cordón de siluetas negras acudía gritando. Syme asió una espada con los dientes, cogió otras dos bajo el brazo, otra con la izquierda y la linterna en la derecha, y saltó de la avenida a la playa baja.

Los otros saltaron tras él, con tácita aceptación, dejando a sus espaldas los restos del auto y el confuso gentío.

—Nos queda una probabilidad favorable —dijo Syme quitándose de la boca el acero—. Sea lo que fuere este pandemónium, la policía nos ayudará. Aquí no podemos quedarnos, porque nos han cortado los caminos; pero en aquel rompeolas que entra en el mar podremos defendernos mejor, como Horacio Cocles en el puente. Allí nos mantendremos hasta que la policía nos socorra. Síganme ustedes.

Le siguieron descendiendo la playa, y pronto sintieron bajo sus plantas, en vez de la arena marina, unas piedras de pavimento. Adelantaron por el malecón bajo, larguísimo, que se metía en la mar hirviente a modo de brazo. Cuando alcanzaron el extremo, comprendieron que habían llegado al fin de sus trabajos. Se volvieron a contemplar la ciudad.

La ciudad estaba transformada, toda revuelta. A lo largo de la avenida de donde habían saltado a la playa, se veía correr gente rumorosa que gesticulaba, agitaba los brazos y los miraba con ferocidad.

En la masa oscura aparecían manchones de luz, antorchas, linternas. Pero aunque la luz no iluminaba los rostros enardecidos, hasta en la silueta más distante, hasta en el menor ademán, se adivinaba un odio organizado. Era evidente que la maldición de todos, había caído sobre los perseguidos, sin que éstos comprendieran por qué.

Dos o tres hombres, pequeños y negros como unos monos, saltaron de la avenida del muelle a la playa, y se metieron por la arena gritando horriblemente e intentando ganar el rompeolas por el lado del mar. El ejemplo fue seguido por otros, y toda la masa negra empezó a derramarse del parapeto abajo como una negra mermelada.

Entre los primeros Syme pudo distinguir al campesino del carro. Había entrado en la resaca montado en un gran caballo de tiro, y blandía el hacha amenazándolos.

—¡El campesino! —exclamó Syme—. ¡Los campesinos que no se habían sublevado desde la Edad Media!...

—Aun cuando la policía acudiera —dijo el Profesor—, no podría contra esta turba.

—¡Locura! —dijo Bull desesperado—; necesariamente queda en la ciudad algún ser humano.

—No —dije el pesimista Inspector—. Somos los últimos representantes de la humanidad.

—Puede ser —dijo el Profesor con aire vago; después, con voz soñadora, añadió—: ¿Cómo dice el fin de la Dunciada?:

> Ya *ni el fuego público ni el privado se miran brillar. Ya ni humana luz ni resplandores divinos. ¡Mirad! Tu negro imperio, oh Caos, es restaurado. Muere toda luz ante tu verbo aniquilador. Tu mando, grande Anarca, deja caer la cortina. ¡Y todo lo envuelve la noche universal!*

—¡Silencio! —gritó Bull de pronto—. He allí a la policía.

Las ventanas iluminadas del piso bajo, en la estación de policía, se veían obstruidas al paso apresurado de los hombres. En medio de la oscuridad se oyó el repiqueteo y rumor de la caballería disciplinada.

—¡Están cargando sobre la multitud —dijo Bull casi en éxtasis.

—No —observó Syme—, están formándose a lo largo del malecón.

—¡Y se echan la carabina a la cara! —gritó Bull danzando de alegría.

—Sí —añadió Ratcliffe—, y van a disparar sobre nosotros.

Apenas dicho esto, se oyó una prolongada descarga, y las balas cayeron como granizo sobre las piedras del dique.

—¡Los gendarmes están con ellos! —gritó el Profesor golpeándose la frente.

—Soy yo el que está en la celda acolchada, no me cabe duda, —dijo Bull con convicción.

Hubo un largo silencio.

Ratcliffe, considerando el turgente mar gris y púrpura dijo:

—¿Y qué importa averiguar quién es el cuerdo y quién el loco? Pronto estaremos muertos todos.

—¿De modo que ha perdido usted toda esperanza? Mr. Ratcliffe permaneció mudo como una estatua. Al fin dijo tranquilamente:

—No, por muy extraño que parezca, no he perdido toda esperanza. Me queda una vaga, imposible esperanza que no puede abandonarme. Parece que todas las fuerzas del planeta se han conjurado contra nosotros. Y me pregunto cómo es posible que aún me quede esa vaga luz de esperanza.

—¿Y en qué o en quiénes funda usted su esperanza? —preguntó Syme con curiosidad.

—En un hombre a quien nunca he visto —contestó el otro contemplando el plomizo mar.

—Ya se a quien se refiere usted —dijo Syme con voz grave. Al hombre del cuarto oscuro. Pero a estas horas es posible que haya perecido en manos del Domingo.

—Tal vez —dijo el otro—. En todo caso, es al único que le habrá costado trabajo matar.

—Ya oigo lo que hablan ustedes —intervino el Profesor vuelto de espaldas—. Yo también tengo confianza en ese hombre a quien nunca he visto.

De pronto, Syme, que parecía sumido en reflexiones, dijo, volviéndose como el que despierta de un sueño.

—¿Dónde está el Coronel? Creía yo que estaba con nosotros.

—¡El Coronel! ¡Es verdad! —dijo Bull—. ¿Dónde está el Coronel?

—Fue a hablar con Renard —dijo el Profesor.

—No podemos abandonarlo entre esos brutos —dijo Syme—. Muramos como caballeros, si...

—No compadezcamos al Coronel —añadió Ratcliffe con mordacidad—. Está muy a gusto a estas horas. Está...

—¡No, no, no! —gritó Syme frenético—. ¡El Coronel, no! ¡De ése no puedo creerlo!

—Entonces ¿dará usted crédito a sus propios ojos? — dijo el otro señalándole un punto de la plaza.

Muchos se habían metido al agua y los amenazaban con los puños. Pero la resaca estaba fuerte y no podían llegar al dique. Sin embargo, dos o tres avanzaban con precauciones por los escalones de piedra. La luz de la linterna dio por casualidad sobre la cara de los dos que venían al frente. Uno de ellos llevaba antifaz negro, y torcía la boca en gesto nervioso, de modo que la mota de la barba iba de aquí para allá con inquietud viviente. En el otro, reconocieron la cara encendida y el bigote blanco del Coronel Ducroix. Ambos conferenciaban acaloradamente.

—Si, también él se nos fue —dijo el Profesor dejándose caer sentado sobre una piedra—. Todos nos traicionan. Yo también me traiciono. Ya no gobierno la máquina de mi cuerpo. Temo que mi propia mano me de un cachete.

—Cuando la mía se mueva —dijo Syme— será para pegarle a otro.

Y se adelantó hacia el Coronel con el sable en una mano y la linterna en la otra.

Como para destruir la última esperanza o sospecha, el Coronel, al verlo venir, le apuntó con el revólver y disparó. El tiro no hizo blanco en Syme, pero sí en la espada, rompiéndola cerca del puño. Syme se lanzó, blandiendo la linterna sobre su cabeza.

—¡Oh Judas y Herodes! —gritó.

Y derribó al Coronel sobre las piedras del dique. Volvióse después al Secretario, cuya horrible boca estaba ahora echando espuma, y levantó la linterna con tal ademán que el otro se quedó inmóvil y escuchó.

—¿Ves esta linterna. —gritó Syme con voz terrible— ¿Ves esta cruz grabada, ves la luz interior? No la grabasteis, no la encendisteis vosotros, sino hombres mejores que vosotros. Hombres capaces de creer y de obedecer, son los que torcieron las entrañas de hierro y preservaron la leyenda del fuego. Las calles por donde pasáis, los trajes con que os vestís, todo fue hecho como esta linterna, por un acto de negación contra vuestra filosofía de suciedades y ratones. Destruiréis a la humanidad, destruiréis el mundo. Contentaos con eso. Pero esta antigua linterna cristiana no la destruiréis. Irá a dar a un sitio en que vuestro imperio de monos será incapaz de rescatarla.

Y descargó la linterna sobre el Secretario de modo que la hizo bambolear: después, dándole dos vueltas sobre su cabeza, la arrojó al mar. La linterna lanzó su último destello, como un cohete, y desapareció.

—¡Espadas! —aulló Syme, volviendo el inflamado rostro a sus compañeros— Carguemos sobre estos perros. Ha llegado la hora de morir.

Sus tres compañeros acudieron a él, espada en mano. La espada de Syme estaba rota pero, derribando a un pescador, le arrebató una porra. Y en un instante hubieran quedado muertos al arrojarse sobre la enfurecido turba, cuando sobrevino algo inesperado. El Secretario, al oír el discurso de Syme se había quedado como aturdido, con las manos en la cabeza. Súbitamente se arrancó el antifaz. Su pálida cara, expuesta a la luz de los reverberos, más que rabia expresaba asombro. Levantó las manos con ansioso gesto autoritario:

—Aquí hay un error. Mr. Syme —dijo—. Me parece que no se da usted cuenta de su situación: yo le arresto a usted en nombre de la ley.

—¿De la ley? —exclamó Syme dejando caer su clava.

—¡Naturalmente! —dijo el Secretario— Soy detective de Scotland Yard. Y sacó del bolsillo una tarjetita azul.

—¿Pues qué cree usted que somos nosotros? —preguntó el Profesor levantando los brazos al cielo.

—¿Ustedes? —dijo el Secretario con tono glacial—. Ustedes son, según me consta por los hechos, miembros del supremo Consejo Anarquista. Yo, disfrazado como uno de ustedes...

El Dr. Bull arrojó al mar su espada.

—Nunca ha habido Consejo Supremo Anarquista —dijo—. Todos éramos un hatajo de imbéciles policías acechándose mutuamente. Y toda esta honrada gente que nos ha venido acribillando a tiros, nos tenía por dinamiteros. Ya sabía yo que no podía equivocarme al juzgar a las multitudes humanas —añadió lanzando una mirada radiante sobre el gentío que se agolpaba a uno y otro lado de la playa—. La gente vulgar nunca es loca: ¡si lo sabré yo que soy uno de esos! Y, ahora, a tierra: pago de beber a todo el mundo.

CAPÍTULO XIII

EN PERSECUCIÓN DEL PRESIDENTE

A la mañana siguiente, cinco camaradas tan alegres como fatigados tomaban el barbo rumbo a Dover. Al pobre Coronel le sobraban razones para quejarse, primero por haber tenido que pelear por dos bandos ficticios, y luego por el linternazo que recibió. Pero era un caballero magnánimo y, contentísimo de saber que ninguna de las dos partes tenía relaciones con la dinamita, salió a despedirlos hasta el dique con mucha gentileza.

Los cinco reconciliados detectives tenían mil explicaciones mutuas que darse; el Secretario le explicaba a Syme cómo se habían enmascarado para que los anarquistas los tomaran por gente de su bando. Syme explicaba por qué él y sus amigos, aunque en país civilizado, habían optado por la fuga. Pero sobre toda esta montaña de menudencias explicables, se levantaba la cuestión central, inexplicable. ¿Qué significaba todo aquello? Si todos ellos eran unos inofensivos agentes ¿qué cosa era el Domingo? Si éste no se había apoderado del mundo —aunque parecía capaz— ¿qué era lo que hacía? Sobre este punto, el inspector Ratcliffe persistía en sus temores.

—Como ustedes —decía—, tampoco yo entiendo el juego del Domingo. Pero sea éste lo que fuere, yo aseguro que no es un ciudadano sin tacha. ¡Qué diablo! Basta recordar aquella cara.

—Confieso —contestó Syme— que a mí...

—Bueno —dijo el Secretario—, pronto lo volveremos a ver y sabremos a qué atenernos, porque mañana es la próxima junta general. Y ustedes me perdonarán —dijo con sus fanática sonrisa— que esté al corriente de mis deberes de Secretario.

—Sí —reflexionó el Profesor—, creo que tiene usted razón; creo que sólo de él mismo podremos recibir la revelación de este misterio. Pero confieso que, por mi parte, me espanto ante la sola idea de preguntarle al Domingo qué casta de pájaro es él.

—¿Por qué? —preguntó el Secretario—. ¿Por miedo a las bombas?

—No —dijo el Profesor—, Por medio a que nos diga quién es.

—Es hora de beber un poco, señores —dijo el Dr. Bull después de un silencio.

Durante todo su viaje en el barco y el tren, mantuvieron una jovialidad comunicativa; pero, instintivamente, procuraban no separarse.

El Dr. Bull, que era siempre el optimista de la partida, trató de persuadir a los otros, al llegar a Victoria, de que irían cómodos en un cochecillo de dos ruedas, pero no prevaleció su opinión. Decidieron tomar un coche de cuatro ruedas. El Dr. Bull iba en el pescante, cantando.

Acabaron la jornada en un hotel de Picadilly Circus, con objeto de estar cerca de Leicester Square para el almuerzo del día siguiente.

Pero aún no habían terminado las aventuras de aquel día. El Dr. Bull no contento con la proposición de meterse en cama, había salido del Hotel cerca de las once, a fin de admirar y gustar las bellezas londinenses. A los veinte minutos volvió, armando un escándalo en el vestíbulo. Syme, que procuraba calmarlo, se vio obligado a escuchar los grandes cosas que el otro se empeñaba en contarle.

—¡Lo he visto! ¡Le digo a usted que lo he visto! —decía el Dr. Bull con énfasis.

—¿A quién? —le preguntó Syme— ¿no será al Presidente?

—No, no tengo tan mala suerte —dijo el Dr. Bull con inoportuna hilaridad—. Y aquí lo traigo conmigo.

—Pero ¿a quién trae usted? —respondió Syme con interés.

—¡Al hombre peludo! —respondió el otro—. Es decir al que era peludo y ya no lo es, a Gogol. Aquí está.

Y Bull hizo entrar, casi a empellones, al joven que cinco días antes había salido del Consejo metamorfoseado en un hombre de cabellos rubios y cara pálida: el primero de los falsos anarquistas que había sido desenmascarado.

—¿Para qué me molestan? —exclamó—. ¿No me han desterrado ya de su círculo, por espía?

—¡Si todos somos espías! —cuchicheó Syme a su oído.

—¡Si todos somos espías! —gritó el Dr. Bull—. Venga usted a echar un trago con nosotros.

A la mañana siguiente, el batallón de los seis aliados se encamina impasible hacia el hotel de Leicester Square.

—Esto ya va mejor —dijo el Dr. Bull—, Somos seis para pedirle a uno que confiese claramente sus verdaderos propósitos.

—No lo veo tan fácil —dijo Syme—, somos seis para pedirle a uno que nos explique lo que realmente nos proponemos nosotros.

Entraron en silencio en la plaza de Leicester, y aunque el Hotel quedaba en la esquina opuesta, pudieron distinguir el balcón-terraza, y en él un bulto de hombre excesivo para las dimensiones del hotel. Aquel hombre estaba solo, sentado junto a una mesa, leyendo su periódico, con la cabeza ligeramente inclinada, al descuido. Pero sus consejeros, congregados para derrocarlo, cruzaron la plaza como si los estuviera acechando con un centenar de ojos.

Habían estado discutiendo mucho la línea de conducta que habían de seguir: si convendría dejar fuera al desenmascarado Gogol y comenzar diplomáticamente, o si lo traerían consigo, acercando de una vez la pólvora al fuego. Esta última táctica, mantenida por Syme y Bull, fue la que prevaleció al fin, aunque el Secretario estuvo alegando hasta el último instante que no había por qué atacar al Domingo con tanta temeridad.

—Mis razones son muy sencillas —había dicho Syme—. Lo ataco con tanta temeridad, por lo mismo que le temo tanto.

Todos siguieron silenciosamente a Syme por la oscura escalera, y todos irrumpieron a un tiempo a la luz del sol matinal y a la luz de la sonrisa del Domingo.

—¡Encantado! —exclamó éste—. ¡Encantado de ver a todos reunidos! Qué día más espléndido, ¿verdad? Y qué ¿ha muerto el Zar?

El Secretario, que había quedado frente a él, concretó su espíritu para responder con dignidad:

—No, señor —dijo enérgicamente—. No ha habido efusión de sangre. No le traigo a usted noticias de tan desagradables espectáculos.

—¿Tan desagradables espectáculos? —preguntó el Presidente con brillante e inquisitiva sonrisa— ¿Se refiere usted a las gafas[*] del Dr. Bull?

El Secretario se quedó un instante desconcertado, y en tanto el Presidente dijo con tono conciliador:

—Sí, todos tenemos nuestras opiniones y nuestra manera de ver las cosas; pero, francamente, llamarles desagradables delante del interesado...

El Dr. Bull se quitó las gafas, y rompiéndolas sobre la mesa, exclamó:

—Mis gafas serán todo lo abominables que se quiera, pero yo no: míreme usted a la cara.

—Sí, tiene usted la cara que la naturaleza le da a uno: la que la naturaleza le ha dado a usted. No he de ser yo quien discuta los frutos silvestres del Árbol de la Vida. También a mí se me puede poner así un día la cara...

—No podemos perder tiempo en bufonadas —dijo el Secretario impacientándose—. Hemos venido a preguntarle a usted qué significa todo esto. ¿Quién es usted? ¿Qué es usted? ¿Por qué nos ha reunido usted aquí? ¿Sabe usted quiénes somos y qué somos nosotros? ¿Es usted un gracioso que se divierte en hacer de conspirador, o un hombre de talento que se hace el loco? Contésteme usted, se lo exijo.

—Los candidatos —repuso el Domingo— sólo están obligados a responder ocho de las diecisiete preguntas del cuestionario. Según creo haber entendido, ustedes desean que les diga yo qué soy y qué son ustedes, y qué es esta mesa, y qué este Consejo, y qué es este mundo en general. Pues bien: consiento por lo menos en descubrir el velo de uno de estos misterios. Si ustedes quieren saber lo que son, tengan por sabido que son una colección de asnos jóvenes, animados de las mejores intenciones.

—Y usted —interrogó Syme acercándosele— ¿qué cosa es usted?

—¿Yo? ¿Qué soy yo? —rugió el Presidente, levantándose poco a poco a una increíble altura, como una ola que amenazara envolverlos—. Quieren saber qué soy ¿no es verdad? Bull, usted es un hombre de ciencia: escarbe las raíces de esos árboles y pídales su secreto. Syme, usted es un poeta: contemple usted esas nubes de la mañana y dígame o díganos la verdad que encierran. Oigan ustedes lo que les digo: antes descubrirán el secreto del último árbol y de la nube más remota, que mi secreto. Antes entenderán ustedes el mar: yo seguiré siendo un enigma. Averiguarán ustedes lo que son las estrellas: no averiguarán lo que soy yo. Desde el principio del mundo todos los hombres me han perseguido como a un lobo, los reyes y los sabios, los poetas como los legisladores, todas las iglesias y todas las filosofías. Pero nadie ha logrado cazarme. Los cielos se desplomarán antes que yo me vea reducido a los últimos aullidos. A todos los he hecho correr más de la cuenta. Y lo voy a seguir haciendo.

Y sin dar tiempo a que los otros lo impidiesen, el monstruo, como un gigantesco orangután, se decolgó por la balaustrada del balcón. Pero, antes de dejarse caer, se izó como en los ejercicios de barra fija, y sacando la mandíbula inferior a la altura de la balaustrada, dijo solemnemente:

---

[*] Equívoco sobre la palabra inglesa *spectacles*. (N. del T.)

—Una cosa puedo deciros, sin embargo: yo soy el hombre del cuarto oscuro que os ha hecho a todos policías. Y se descolgó definitivamente, rebotando sobre el pavimento como una pelota. A grandes saltos alcanzó la esquina de la Alhambra, hizo señas a un coche, trepó en él y desapareció.

Los seis detectives, al oír las últimas palabras, se habían quedado fulminados y lívidos. Cuando el coche desapareció, Syme recobró su sentido práctico, y saltando desde el balcón a riesgo de romperse las piernas, hizo parar otro coche.

Él y Bull subieron juntos al coche, el Profesor y el Inspector se acomodaron en otro, y el Secretario y el antes llamado Gogol en un tercer coche, a tiempo apenas para seguir al volador Syme, que iba, a su vez, en seguimiento del alado Presidente...

El Domingo los arrastró en loca carrera hacia el noroeste. Su cochero, sin duda bajo la influencia de alicientes extraordinarios, hacía correr desesperadamente al caballo. Pero Syme, que no estaba para andarse con miramientos, se puso de pie en el coche y empezó a gritar:

—¡Al ladrón!

Empezó a acudir gentío, y la policía a intervenir e interrogar. Esto produjo su efecto en el cochero del Presidente, que comenzó a vacilar y a morigerar la carrera. Abrió el postigo para explicarse con su cliente y, al hacerlo así, abandonó un instante el látigo. El Domingo se levanta, se apodera del látigo, y fustiga al caballo y lo arrea con gritos estentóreos. Y el coche rueda por esas calles como un huracán. Y calle tras calle y plaza tras plaza volaba el estrepitoso vehículo, el cliente azuzando el caballo y el cochero tratando de sofrenarlo. Los otros tres coche iban detrás como unos sabuesos jadeantes, disparados por entre calles y tiendas, verdaderas flechas silbadoras.

En el punto más vertiginoso de la carrera, el Domingo se volvió y sacando fuera del coche su inmensa cara gesticulante, mientras el viento desordenaba sus canas, hizo a sus perseguidores una mueca horrible como de pilluelo gigantesco. Después, alzando rápidamente la mano, lanzó a la cara de Syme una bola de papel, y desapareció dentro del coche. Syme, para evitar el objeto, lo atrapó instintivamente con las manos: eran dos hojas comprimidas. Una dirigida a él, y la otra al Dr. Bull, con un irónico chorro inacabable de letras a continuación de su nombre. La dirección del mensaje al Dr. Bull era mucho mayor que el mensaje, pues éste sólo constaba de las palabras siguientes:

"¿Qué hay *ahora* de Martín Tupper?"

—¿Qué quiere decir este viejo maniático? —preguntó Bull muy intrigado— y a usted Syme, ¿qué le dice?

El mensaje de Syme era menos lacónico:

"Nadie lamenta más que yo todo lo que huela a intervención del Archidiácono. Creo que las cosas no llegarán a ese extremo. Pero, por última vez ¿dónde están sus chanclos? La cosa es muy grave, sobre todo después de lo que ha dicho el tío"

El cochero del Presidente parecía haber recobrado el gobierno de su caballo, y los perseguidores pudieron ganar algún terreno al llegar a Edgware Road. Y aquí aconteció algo providencial para los aliados. El tráfico estaba interrumpido, y algunos vehículos se echaban a un lado apresuradamente, pues del fondo de la calle llegaba el tañido inconfundible de la bomba de incendios, que pocos segundos después se vio pasar envuelta en un trueno de bronce. Pero he aquí que el Domingo salta del coche, alcanza la bomba a todo correr, y se mete entre los asombrados bomberos. Se le vio perderse en la atronada lejanía, haciendo ademanes de justificación.

—¡Tras él! —gritó Syme—; ya no puede escapar. No es posible perder de vista una bomba de incendios.

Los tres cocheros, inmóviles un instante, fustigaron sus caballos, y pronto lograron disminuir la distancia que los separaba de su presa. El Presidente, al verlos cerca, se plantó en la parte posterior del coche, inclinándose repetidas veces y fingiendo que les besaba la mano. Finalmente, lanzó un papelito muy bien doblado sobre el pecho del Inspector Ratcliffe. Lo abrió éste con impaciencia, y he aquí lo que leyó:

"Huya usted al instante: el secreto de sus tirantes de resorte ha sido descubierto. —Un amigo".

La bomba de incendios caminaba rumbo al norte, entrándose por una región desconocida. Al pasar a lo largo de una alta reja sombreada de árboles, con gran sorpresa y con algún alivio por parte de los seis aliados, se vio al Presidente saltar fuera del vehículo. Pero no pudieron comprender si esto obedecía a un nuevo arrebato caprichoso, o si al fin se daba por vencido. Pero no: antes de que los tres coches llegasen al sitio, ya el Presidente había saltado a la reja como un enorme gato gris. La escaló ágilmente, y desapareció entre los tupidos follajes.

Syme mandó para su coche con un gesto de furia. Descendió. Trepó a su vez a la reja. Ya había pasado una pierna al otro lado, y los otros se disponían a seguirlo, cuando volvió hacia ellos el rostro pálida y descompuesto:

—¿Qué sitio es este? ¿Será la casa del maldito viejo? He oído decir que tenía una casa en el norte de Londres.

—Tanto mejor —dijo el amargo Secretario poniendo el pie en una barra—, lo cogeremos en su casa.

—No, no es eso —dijo Syme frunciendo el entrecejo—. Es que oigo un ruido horrible, como si se rieran todos los diablos y estornudaran y se sonaran las endiabladas narices.

—Serán sus perros que gruñen —dijo el Secretario.

—¿Y por qué no dice usted que son sus escarabajos que gruñen? —dijo Syme furioso— ¿O sus caracoles que gruñen? ¿O sus geranios que gruñen? ¿Ha oído usted alguna vez que los perros gruñan de este modo?

Levantó la mano para imponer silencio, y de la espesura salió un largo rugido que parecía meterse bajo la epidermis y congelar la carne: un rugido siniestro que producía una palpitación en el aire.

—Los perros del Domingo no son perros ordinarios —dijo Gogol estremecido.

Syme ya había saltado adentro, pero aún escuchaba con inquietud.

—Oigan ustedes. ¿Puede ser esto un perro?

Cundió por el aire un grito de protesta, luego un doloroso clamor; y después, lejos como un eco, algo como una trompeta nasal.

—Bien: esta casa parece ser un infierno —dijo el Secretario—. Aunque sea el mismo infierno yo he de entrar.

Y saltó la alta reja casi de un impulso. Los otros le siguieron. Cayeron en una maraña de plantas y arbustos, y después salieron a un andador.

No se veía nada extraordinario. De pronto el Dr. Bull gritó:

—¡Qué estupidos somos! ¡Si estamos en el Jardín Zoológico!

En tanto que miraban a todas partes buscando un rastro de su presa, un guardia pasó corriendo por la avenida, acompañado de un paisano.

—¿Ha pasado por aquí? —preguntó.

—¿Quién? —le dijo Syme.

—El elefante —contestó el guardia—. Un elefante que se ha puesto rabioso y ha escapado.

—Y ha escapado llevando en el lomo a un anciano —dijo el otro que apenas podía resollar—. ¡Un pobre señor de cabellos blancos!

—¿Qué clase de anciano? —preguntó Syme intrigado.

—Un anciano muy corpulento y muy gordo, que llevaba un traje gris —explicó el guardia.

—¡Ah! —dijo Syme—. Si es ése, si está usted seguro de que es un anciano gordo y corpulento vestido de gris, puede usted creer que el elefante no ha escapado con él. Es él quien ha escapado con el elefante. Dios no ha hecho todavía un elefante que pueda arrastrar a ese hombre contra su voluntad... ¡Rayos y truenos! Helo allí.

No cabía duda. En el prado, a unos doscientos pasos, seguido por una multitud que gritaba y gesticulaba, corría un enorme elefante gris con grandes zancadas, las trompa más rígida que el bauprés de un barco, y trompeteando como la trompeta del Juicio. Sobre los lomos del rugiente y presuroso animal, el Presidente Domingo iba sentado con toda placidez de un sultán, azuzando furiosamente a la bestia con algún objeto agudo que llevaba en la mano.

—¡Detenedlo, que se sale del jardín! —gritaba la gente.

—¿Quién va a detener un derrumbamiento —contestó el guardia—. Es inútil: ¡ya está fuera del jardín!

Y, en efecto, un tremendo rechinido y un vasto alarido de terror anunciaron que el elefante gris acababa de romper la puerta del Jardín Zoológico. Y después se echó por la calle Albany como un ómnibus nunca visto.

—¡Dios poderoso! —gritó Bull—. Nunca creí que un elefante corriera tanto, A los coches otra vez, sí queremos no perderlo de vista.

Corrieron hacia el punto por donde se había escapado el elefante. Syme descubrió al paso todo un panorama de animales enjaulados. Más tarde se sorprendió de haberlos distinguido tan bien. Y recordaba, sobre todo, los pelícanos con su inmenso buche colgante, preguntándose por qué los pelícanos serían el símbolo de la caridad, a no ser por la caridad que se necesita para admirar a un pelícano. También recordaba un enorme cálao que parecía un gigantesco pico amarillo, pegado a un cuerpo insignificante de pájaro. El conjunto le impresionó vivamente, haciéndole pensar en la asiduidad con que la naturaleza se dedica a hacer caprichosos juegos. El Domingo les había dicho que descubrirían su secreto cuanto hubieran descubierto el secreto de todas las estrellas del cielo. Pero a Syme le parecía que el secreto del cálao, ni los arcángeles podían entenderlo.

Los seis desdichados policías distribuidos en los coches, se pusieron a seguir al elefante, compartiendo el terror que éste iba sembrando por las calles. Esta vez Domingo no volvió la cara, y ofreció a sus perseguidores la sólida extensión de sus espaldas, cosa más molesta aún que las burlas de antes. Al llegar a la calle Baker, sin embargo, se vio que arrojaba algo con ademán del chico que arroja la pelota al aire para volverla a atrapar. Pero dada la velocidad de la carrera, el objeto arrojado vino a caer junto al coche de Gogol. Y, con esperanza de hallar en él la solución del enigma, o por un impulso instintivo, Gogol hizo parar el coche para recogerlo. Era un paquete voluminoso dirigido a Gogol. Pero, examinado, resultó ser un amasijo de treinta y tres hojas de papel. Dentro de la última, que era ya una cinta diminuta, había esta inscripción: "Creo que la palabra adecuada es: rosa". El antes llamado Gogol no dijo nada, pero movió manos y pies como el jinete que arrea el caballo.

Calle tras calle, barrio tras barrio, iba pasando el prodigioso elefante volador. La gente salía a las ventanas, el tráfico se desbandaba a uno y otro lado. Y como los tres coches iban a la zaga del elefante, al fin los tomaron por una procesión, tal vez por un anuncio de circo. Iban tan de prisa, que toda distancia se abreviaba considerablemente, y Syme vio aparecer el Albert Hall de Kensington cuando esperaba encontrarse todavía en Paddington. Por las calles algo solitarias y aristocráticas del sur de Kensington, el elefante pudo correr con más libertad, y finalmente se encaminó hacia aquella parte del horizonte donde se veía la enorme rueda de Earl's Court. La rueda fue creciendo al aproximarse, hasta que llenó todo el cielo como si fuera la misma rueda de los astros.

El elefante había dejado muy atrás a los coches. Ya éstos lo habían perdido de vista en muchas esquinas. Cuando llegaron a la puerta de la Exposición de Earl's Court, se encontraron como bloqueados. Enorme multitud se agolpaba frente a ellos, en torno al enorme elefante que se estremecía y sacudía como suelen hacerlo. Pero el Presidente había desaparecido.

—¿Dónde se ha metido? —preguntó Syme bajando del coche.

—Entró corriendo a la Exposición, caballero —le dijo un guardia asombrado. Y después añadió como hombre muy ofendido—. ¡Qué señor más loco! Me dijo que le guardara el caballo y me dio esto.

Y, con aire disgustado, le mostró un papel dirigido "Al Secretario del Consejo Central Anarquista".

El Secretario, furioso, lo abrió y leyó lo siguiente:

> "Cuando el arenque corre una milla, bien está que el Secretario sonría. Cuando el arenque se lanza y vuela, bien está que el secretario muera.
>
> *Proverbio rústico*".

—¿Por qué diablos ha dejado usted entrar a ese hombre —exclamó el Secretario—. ¿Acaso es frecuente venir aquí montado en un elefante rabioso? ¿Acaso?...

—¡Atención! —gritó Syme—. Vean ustedes aquello.

—¿Qué cosa? —preguntó el Secretario.

—¡El globo cautivo! —dijo Syme señalándolo con un ademán frenético.

—¿Qué me importa el globo cautivo? —preguntó el Secretario—. ¿Qué le pasa al globo cautivo?

—Nada, sino que no está cautivo.

Todos alzaron los ojos. El globo se balanceaba sobre ellos, prendido a su hilo como el globito de los niños. Un segundo después el hilo quedó cortado en dos, debajo de la canastilla, y, suelto ya, el globo ascendió como una pompa de jabón.

—¡Con diez mil demonios! —chirrió el Secretario—. ¡Escapó en el globo! —Y levantaba los puños al cielo.

El globo, empujado por un viento propicio, vino a colocarse exactamente encima de los detectives, y éstos pudieron ver la cabezota blanca del Presidente, que se inclinaba en la canastilla y los contemplaba con un aire benévolo.

—Juraría yo —dijo el Profesor con aquel tono de decrepitud que no podía separar de sus barbas canosas y de su cara apergaminada—, juraría yo que algo me ha caído en el sombrero.

Y, con temblorosa mano, se decubrió y encontró en el sombrero un papelito muy bien doblado. Lo desdobló: había un lacito de enamorado, y estas palabras:

"Vuestra belleza no me ha dejado indiferente. —De parte de Copito *de nieve"*.

Corto silencio. Syme, mordiéndose la barbilla, dice al fin:

—Aún no estoy vencido. El condenado globo tiene que caer en alguna parte. ¡Sigámosle!

CAPÍTULO XIV

LOS SEIS FILÓSOFOS

Hollando los prados, maltratando los floridos setos, los seis miserables detectives rodaban, a unas cinco millas de Londres. El optimista de la partida proponía perseguir al globo en coche por el sur de Inglaterra. Pero al fin se convenció de que el globo se resistía a seguir los caminos, y que los coches se resistían todavía más a seguir al globo. En consecuencia, los incansables aunque desesperados viajeros se metieron por la espesura, pisaron los campos sembrados, y poco a poco se fueron quedando en tales trazas que se les pudiera tomar por vagabundos.

Las verdes colinas de Surrey vieron la tragedia y final catástrofe de aquel admirable traje gris con que Syme había salido del Parque Saffron. Su sombrero de seda quedó desgarrado por el latigazo de una rama flexible. El paño de la levita, destrozado hasta los hombros por las espinas. La arcilla del lodo inglés manchó su cuello. Pero todavía seguía avanzando, erguida la barbilla rubia, con muda y furiosa determinación. Sus ojos seguían fijos en aquella flotante bola de gas que, al sol de la tarde, fulguraba como una nube crepuscular.

—Después de todo —decía contemplando el globo—, ¡Qué hermoso es!

—Sí, bueno está —dijo el Profesor—. ¡Así se incendiara!

—No lo deseo yo —dijo el Dr. Bull—. Piense usted en lo que le pasaría al pobre viejo.

—¡Lo que le pasaría! —dijo el Profesor—. ¡Lo que le pasaría! No seria tan grave lo que le pasaría si yo lo cogiera. Conque "Copito de nieve" ¿eh?

—A pesar de todo, yo no deseo que. se haga daño —dijo el Dr. Bull.

—¿Cómo? —gritó el iracundo Secretario—. ¿Usted se ha creído esa historia de que él es el hombre del cuarto oscuro? El Domingo es capaz de hacerse pasar por cualquiera cosa.

—Ni lo creo ni dejo de creerlo —dijo el Dr. Bull—. No me refiero a eso. Yo no quiero que reviente el globo con el viejo porque...

—¿Por qué? —repitió Syme impaciente.

—¡Qué se yo! Tal vez porque él también parece un globo. Yo no entiendo una palabra de toda esa historia que trató de endilgarnos, ni sé si es él realmente quien un día nos proporcionó la dichosa tarjetita azul. Todo eso es absurdo. Pero, no tengo por qué ocultarlo: aunque el viejo Domingo sea un bribón, siempre me ha sido sumamente simpático. Me gusta como me gustaría un bebé gordinflón. ¿Cómo me explicaría yo? Es una simpatía compatible con mi deseo de combatirlo hasta la muerte. No sé si está claro: me gusta por lo gordo que es.

—No está claro —dijo el Secretario.

—Ya se por qué me gusta —reflexionó Bull—; porque es gordo y ligero: lo mismo que un globo. Se imagina uno que la gente como él es pesada; pero lo cierto es que este hombre salta más que un silfo. Ahora he formulado bien mi sentimiento. Una energía limitada se traduce en violencia. La energía suprema se demuestra en la levedad. Estas cosas hacen pensar en las especulaciones de otra época:, "¿Qué pasaría si un elefante pudiera saltar hasta el cielo como un saltamontes?"

—Nuestro elefante —dijo Syme mirando hacia arriba— sí que ha dado un salto de saltamontes.

—Pues por eso —concluyó Bull—, por eso en cierto modo me gusta el viejo Domingo. No es que me cause la estúpida admiración de la fuerza. Sino que tiene cierta alegría, como la del que trae siempre buenas noticias. ¿No han sentido ustedes eso un día de primavera? Siente uno que la naturaleza gasta bromas, pero que son bromas de buen género. Yo nunca he leído la Biblia, pero ese pasaje de que tanto se ríen es una verdad literal: "¿Por qué no saltáis así, altas colinas?" Porque las colinas saltan: al menos, tratan de saltar... ¿Por qué me gusta el Domingo? ¿Cómo decirlo? Pues me gusta por saltarín, ¡ea!

Hubo un silencio, y después el Secretario dijo con voz atormentada:

—No conoce usted al Domingo. Tal vez porque es usted mejor que yo y no conoce el infierno. Yo he sido, desde que nací, un hombre de humor sombrío y enfermizo. El hombre del cuarto oscuro que a todos nos escogió para estos trabajos, se fijó en mí porque tengo el aire de un conspirador, porque tengo una sonrisa epiléptica, por mis ojos trágicos, hasta en la alegría. Pero algo ha de haber en mí, además, que responde a la disposición nerviosa del anarquista. La primera vez que vi al Domingo, no me causó esta impresión de aérea vitalidad que usted dice, sino de ese algo grosero y triste que hay en la naturaleza íntima de las cosas. Estaba fumando en un cuarto lleno de penumbra, en un cuarto con las persianas corridas, mucho más deprimente que la genial oscuridad en que nuestro jefe se envolvía. Estaba sentado en un banco, inmenso bulto de hombre inmenso y monstruoso. Me oyó, sin interrumpirme, sin pestañear. Yo le dirigía palabras apasionadas, interrogaciones elocuentes. Tras largo silencio, el bulto comenzó a moverse, como trabajado por una enfermedad. Se movía como una masa gelatinosa, viva, repugnante. Me hacía recordar todas mis lecturas sobre los seres que están en la base de la vida: protoplasmas, babas marinas. Aquello parecía la forma última de la materia, la más deshecha y vergonzosa. No pude menos de pensar a guisa de consuelo, que aquel monstruo era desgraciado. Pero he aquí que aquella montaña bestial se estaba sacudiendo en una risa egoísta, y la causa de la risa era yo. ¿Creen ustedes que yo puedo perdonarle eso? Sentir que se ríe de nosotros algo al mismo tiempo inferior y más fuerte que uno, es espantoso.

—Son ustedes muy exagerados —cortó el Inspector Ratcliffe—. El Presidente Domingo es cosa excesiva para la inteligencia; pero físicamente no es ese monstruo de Barnum, que ustedes dicen. A mí me recibió en un despacho ordinario, con un traje gris ajedrezado, y a plena luz. Me habló de cosas triviales. Y lo único que me llamó la atención, fue esto: su cuarto es claro, su traje es claro, todo está en orden: pero él parecía estar en el otro mundo. A veces aquellos ojazos brillantes parecían ciegos. Pasa horas enteras sin acordarse de la presencia de uno. Tanta distracción, en un malvado, es horrible. Del malvado tenemos la idea contraria; nos lo imaginamos siempre alerta. Pero no pódenos imaginarnos a un malvado que se entrega honradamente a soñar, porque no podemos imaginarnos a un malvado tan a solas consigo mismo. Hombre distraído es hombre bien intencionado; hombre que, al darse cuenta de la presencia de usted, le pide mil perdones. Pero ¿qué decir de un distraído que, al percatarse de la presencia de usted, lo primero que se le ocurre es matarle? La abstracción combinada con la obstrucción crispa los nervios. El hombre que camina en mitad de un bosque solitario ha podido sentir esta emoción, y decirse que los animales son a la vez inocentes y despiadados. O ignoran, o matan. Pero ¿cómo va uno a resistir diez horas mortales en la compañía de un hombre distraído?

—Y usted, Gogol —dijo Syme— ¿qué piensa del Domingo?

—Yo, en principio —dijo Gogol con sencillez—, nada pienso del Domingo, como nada pienso del sol de mediodía.

—Sí —dijo Syme pensativo—, es un punto de vista. ¿Y usted, Profesor?

El Profesor caminaba con la barba hundida y arrastrando el bastón. No contestó.

—¡Despierte usted, Profesor! —dijo Syme—. Díganos lo que piensa del Domingo. Y el Profesor comenzó a decir muy lentamente:

—Pienso algo que no acierto a formular claramente. O más bien, tampoco lo pienso claramente. Algo como esto: la primera parte de mi vida, como usted sabe, fue muy incoherente y dispersa. Pues bien: cuando veo la cara del Domingo pienso, como todo el mundo, que es muy vasta y dispersa, y también que es muy incoherente, como mi juventud. Es tan enorme, que no hay manera de enfocarla y verla como una cara. Los ojos quedan tan lejos de las narices, que ya no son ojos. La boca tiene de por sí tanta importancia, que hay que pensar en ella como en una cosa automática. Me es muy difícil explicarme. Y tras una pausa, siempre arrastrando el bastón:

—Voy a ver si puedo explicarme. Una noche, por la calle, vi que un farol, una ventana y una nube formaban clarísimamente una cara. Pues bien: cuando veo la cara del Domingo, pienso que hay una cara que se parece a esa cara. Verán ustedes: caminé un poco más, y me encontré con que no había tal cara; que la ventana estaba a diez metros, el farol a ciento, la nube muy lejos de la tierra. Del mismo modo se me deshace la cara del Domingo, se me va para un lado y otro como esas mistificaciones de la vista. Su cara me ha hecho sospechar que no hay caras. Ya no sé, Bull, si lo de usted es una cara o un arreglo de perspectivas. Tal vez uno de los discos de esas abominables gafas que usted ha roto estaba aquí, y el otro estaba a cincuenta millas. ¡Ay, las dudas del materialista son cosas de risa! ¡El Domingo me ha enseñado, ay, las dudas del espiritualista! Yo creo ser budista. Y el budismo no es un credo, sino una duda. ¡Ay, querido Bull! ¡No estoy seguro de que tenga usted cara! ¡No tengo bastante fe para creer en la materia!

Los ojos de Syme seguían fijos en el globo errante que, envejecido por la luz de la tarde, parecía un mundo más sonrosado e inocente que el nuestro.

—¿Han notado ustedes que, en todas las descripciones que han hecho, hay un elemento singular de semejanza? Cada uno de ustedes ve el Domingo de un modo diferente, pero todos coinciden en que sólo pueden compararlo con el mismo universo. Bull lo compara con la tierra en primavera. Gogol con el sol a mediodía. Al Secretario le recuerda el informe protoplasma, y al Inspector el desamparo de las selvas vírgenes. El Profesor dice que es como un cambiante paisaje. Es raro todo esto; pero todavía es más raro que yo también tenga del Presidente una idea extravagante, y a mí también me parezca comparable con el mundo.

—Vamos más de prisa, Syme —dijo Bull—, no siga usted contemplando el globo.

—Cuando vi por primera vez al Domingo —continuó Syme— sólo le vi la espalda; y cuando le vi la espalda, comprendí que era el hombre más malo del mundo. Su cuello, sus hombros, eran brutales como los de un dios simiesco. Su cabeza tenía cierta inclinación, propia, más que de hombre, de buey. Y al instante se me ocurrió que aquello no era un hombre, sino una bestia vestida de hombre.

—De prisa —dijo el Dr. Bull.

—Y aquí viene lo más curioso —continuó Syme—. Yo había visto su espalda desde la calle, estando él sentado en el balcón. Entré al hotel, y cogiendo al Presidente por el otro lado, le vi la cara a plena luz. Su cara me asustó como asusta a todos. Pero no por brutal, no por perversa. Me asustó, al contrario, por su hermosura, por su bondad.

—Pero Syme, ¿se ha vuelto usted loco? —exclamó el Secretario.

—Era como la cara de un antiguo arcángel que distribuyera la justicia después de un heroico combate. En sus ojos había risa; en su boca, honor y tristeza. Eran los mismos cabellos blancos, el mismo torso robusto que acababa yo de ver desde la calle enfundado en el traje gris. Pero si por detrás me pareció un animal, por delante me pareció un dios.

—Pan —dijo el Profesor reflexivo— era un dios y era un animal.

—Desde entonces —continuó Syme como monologando— ése es también el misterio del mundo. Al ver las horribles espaldas me parece que la noble cara es una máscara. Al ver, aunque sea un instante, la cara, la espalda me parece una simple burla. El mal es tan malo, que, junto a él, el bien parece un mero accidente; el bien es tan bueno, que, junto a él, hasta el mal resulta explicable. Esta impresión llegó a una crisis suprema ayer, cuando corrí en pos del Domingo para tomar un coche y, al correr, le miraba siempre la espalda.

—¿Y tenía usted tiempo para pensar? —preguntó Ratcliffe.

—A lo menos, para formular un horrible pensamiento. De pronto se me figuró que aquella cabeza vista de espaldas, ciega y sin fisonomía, era su verdadera cara: horrible cara que me contemplaba sin ojos. Y que aquella figura que huía de mí, era la de un hombre que corre de espaldas, danzando al correr.

—¡Horrible! —dijo el Dr. Bull estremecido.

—Horrible, no es la palabra —dijo Syme—. Aquel fue el instante peor de mi vida. Pero diez minutos después, cuando sacó la cabeza del coche, gesticulando como una gárgola, comprendí que aquel hombre era un padre que juega al escondite con sus chicos.

—Para juego ya dura mucho —observó el Secretario, contemplando con afligida cara sus botas destrozadas.

—Óiganme ustedes —exclamó Syme con énfasis desusado—. ¿Quieren ustedes que les diga el secreto del mundo? Pues el secreto está en que sólo vemos las espaldas del mundo. Sólo lo vemos por detrás, por eso parece brutal. Eso no es un árbol, sino las espaldas de un árbol; aquello no es una nube, sino las espaldas de una nube. ¿No ven ustedes que todo está como volviéndose a otra parte y escondiendo la cara? ¡Si pudiéramos salirle al mundo por enfrente!...

—¡Vean ustedes! —gritó Bull a voz en cuello—. ¡El globo comienza a descender!

No había por qué decírselo a Syme, que no apartaba los ojos del globo. Lo vio, grande y luminoso, detenerse de pronto en el cielo, después bajar poco a poco detrás de los árboles como un sol poniente.

El llamado Gogol, que apenas había abierto la boca durante la fatigosa caminata, alzó de pronto las manos como un alma en pena, gritando:

—¡Ha muerto! ¡Y ahora comprendo que era mi amigo, mi amigo en las tinieblas!

—¿Muerto? —bufó el Secretario—. No es fácil que muera. Si ha caído de la canastilla, probable es que lo encontremos revolcándose en el campo como un potro y pataleando para mayor regocijo.

—Y haciendo sonar sus pezuñas —dijo el Profesor— como los potros y como Pan.

—¡Otra vez Pan! —dijo el Dr. Bull irritado—. Usted ve a Pan en todas partes.

—Claro está —dijo el Profesor—. "Pan", en griego significa "todo".

—Y no olvidarse —añadió el Secretario bajando los ojos— que también significa "pánico".

Syme, que no había prestado atención a estas últimas palabras, dijo simplemente:

—Ha caído allí, sigámosle. Y después añadió con desesperación—. ¡Oh, si nos hubiera burlado definitivamente muriéndose! Sería la peor de sus bromas.

Y echó a correr hacia los árboles lejanos con renovada energía, flotando al viento los girones del traje. Los otros le siguieron, aunque no tan resueltos. Y casi al mismo instante, los seis se dieron cuenta de que no estaban solos.

Por entre el césped se adelantaba hacia ellos un hombre alto, apoyado en un bastón largo como un cetro. Estaba vestido con elegancia, pero a la vieja moda, con calzón corto El color del traje era un matiz entre el azul, el violeta y el gris, como el de las sombras del bosque. Sus cabellos eran de un gris blanquecino, y a primera vista, y sobre todo al ver su calzón corto, se diría que los traía empolvados. Se adelantaba tranquilamente. A no ser por la nieve argentada de su cabeza, se le hubiera tomado por una sombra del bosque.

—Caballeros —dijo—. Un coche de mi amo espera a ustedes en el camino.

—¿Quién es su amo? —preguntó Syme, petrificado.

—Me habían dicho que los señores ya sabían su nombre —contestó el otro respetuosamente. Tras un momento de silencio, el Secretario dijo:

—¿Dónde está el coche?

—Está en el camino desde hace un instante. Mi amo acaba de llegar a casa.

Syme miró a uno y otro lado la verde extensión en que se encontraba. Aquellos setos, aquellos árboles parecían objetos ordinarios. Con todo, se sentía metido en una tierra maravillosa.

Contempló de arriba abajo al misterioso embajador. Nada tenía de extraño, salvo el color de su traje, que era el de las sombras violáceas, y el de su cara, que era el del cielo rojo, oscuro y dorado.

—Muéstrenos el camino —dijo con sencillez.

Y el hombre del vestido violeta, sin decir una palabra, se dirigió a un lugar donde, por una brecha del follaje, se veía brillar el camino blanco.

Cuando los seis viajeros llegaron, vieron en el camino una larga fila de carruajes, como los que se ven frente a las casas de Park Lane. En fila, también junto a los carruajes, estaban los lacayos espléndidamente vestidos con uniforme azul-gris, y cierto aire solemne y fiero que, más que de lacayos, es propio de oficiales y embajadores de un gran rey. Había seis carruajes. Uno para cada uno de los tristes y desgarrados viajeros. Los criados, como en traje de corte, llevaban espada al cinto. Cuando cada uno entró en su coche, los criados desenvainaron la espada y saludaron, lanzando un relámpago de acero.

—¿Qué quiere decir esto? —le había preguntado Bull a Syme al tiempo de separarse—. ¿Otra guasa del Domingo?

—No lo sé —había contestado Syme, dejándose caer fatigado sobre los almohadones del asiento—. Pero si es una guasa, tenía usted razón: es una guasa de hombre bueno.

Muchas aventuras habían sufrido nuestros seis aventureros, pero ninguna les había asombrado tanto como esta aventura confortable. Se habían habituado a las cosas ásperas, y esta súbita suavidad les desconcertaba. No tenían la menor idea de lo que podían ser aquellos carruajes. Les bastaba saber que eran carruajes y que tenían almohadones.

Tampoco imaginaban quién podía ser el que los había conducido hasta los carruajes; les bastaba saber que aquel hombre extraño los había conducido hasta los carruajes.

Syme se sentía arrastrar con el mayor abandono por entre las sombras de los árboles. Le pasaba algo muy característico de su temperamento: mientras él había sido el guía, su barbilla se erguía fieramente: ahora que el asunto pasaba a otras manos, Syme se dejaba caer con desmayo sobre los cojines.

Poco a poco se dio cuenta de la hermosura del camino. Vio que pasaban la reja de lo que parecía ser un parque, y que subían una colinilla, que, aunque poblada de árboles a ambos lados, parecía más regular que un bosque. Y poco a poco le fue invadiendo, como al que despierta de un sueño saludable, una sensación de placer general. Sintió que los setos eran los que deben ser: muros vivientes. Que un seto vivo es como un ejército humano, disciplinado, pero todavía más vital. Tras los setos sobresalieron unos álamos, y pensó en la dicha de los niños a quienes fuera dable columpiarse en sus ramas. Después volvieron un recodo del camino, y Syme vio de pronto, a modo de una nube crepuscular, baja y alargada, una casa larga y baja, suave bajo la suave luz del poniente.

Los seis amigos, al comparar más tarde sus impresiones, discutieron mucho, pero todos convinieron en que aquella casa les había hecho recordar su infancia. Ya era la copa de aquel olmo, ya aquel sendero en zig-zag, ya aquel rincón del huerto, o el contorno de la ventana; pero ello es que todos recordaban aquel lugar mejor que los rasgos de su madre.

Los coches se acercaron a una puerta amplia, baja, abovedada. Otro hombre con uniforme, que llevaba una estrella de plata en el pecho, sobre el traje gris, vino a su encuentro. Este imponente personaje dijo al asombrado Syme:

—En su cuarto le esperan al señor los refrescos.

Syme, siempre bajo la influencia de aquella modorra o sueño magnético, se dejó guiar por el criado y subió una ancha escalera de encino. Recorrió después una espléndida galería de cuartos que parecían destinados a él. Se acercó a un espejo de cuerpo entero, con el instinto habitual de los hombres de su clase, para componerse el nudo de la corbata o alisar sus cabellos. Y vio aparecer en el espejo una horrible imagen: las ramas le habían rasguñado la cara, que estaba rayada de sangre; sus cabellos estaban hirsutos como manojos de yerba espesa y amarilla; su traje estaba convertido en harapos.

Y al verse así, rebrotó en su espíritu una interrogación:

¿Cómo había venido a dar allí? ¿Cómo iba a salir de allí?

En aquel momento, un criado vestido de azul —su camarero—, se acercó a decirle:

—La ropa del señor está preparada.

—¿Mi ropa? —preguntó Syme irónicamente—. No tengo más ropa que la que traigo encima. Y cogiendo dos tiras de la desgarrada levita que parecían dos cintajos fantásticos, hizo el ademán de la bailarina.

—Mi amo me ha encargado que anuncie al señor —dijo el camarero— que esta noche hay un baile de fantasía, y que él desearía que usted aceptara el traje que acabo de sacar. Entre tanto, aquí hay una botella de Borgoña y un poco de faisán frío. Mi amo espera que el señor tenga la bondad de aceptarlos, porque aún faltan algunas horas para la cena.

—Buena cosa es el faisán —dijo Syme reflexivo— y el Borgoña, cosa extraordinariamente buena. Pero la verdad es que no tengo tanto deseo de probarlos como de saber qué diablos significa todo esto, y qué traje es ése que usted prepara. ¿Dónde está?

El criado le mostró entonces, sobre una especie de otomana, una larga tela azul que parecía un dominó. En la parte delantera se veía brillar un gran sol de oro y, aquí y allá, unas estrellas relucientes.

—El señor se vestirá de Jueves —dijo el camarero con afabilidad.

—¡Vestirme de Jueves! —dijo Syme meditabundo—. No creo que sea un traje muy caliente.

—¡Oh, sí señor! —dijo el otro con convicción—. El traje de Jueves es muy caliente. Sube hasta la barba.

—Bueno, yo no entiendo una palabra —dijo Syme suspirando—. Estoy tan acostumbrado a las aventuras incómodas, que las aventuras agradables me confunden. Pero permítame que le pregunte por qué envuelto en una tela azul y verde con soles y lunas voy a estar vestido particularmente de Jueves y no de cualquier otra cosa. Supongo yo que el sol y la luna no sólo salen el jueves. Yo me acuerdo de haber visto la luna en martes.

—Dispénseme el señor —dijo el camarero— La Biblia satisfará al señor.

Y, con dedo rígido y respetuoso, le señaló el primer capítulo del Génesis. Syme le leyó sorprendido. Era el capítulo en que se explica que el sol y la luna fueron creados el cuarto día de la creación. Respiró: en esta misteriosa casa, fuese lo que fuese, al menos, contaban la semana a partir de un "Domingo" cristiano.

—Esto se pone cada vez más divertido —dijo Syme sentándose en una silla—. ¿Qué gente es esta que le obsequia a uno un faisán frío y Borgoña, trajes tornasolados y ejemplares de la Biblia? ¿Le darán a uno aquí todo lo que pida?

—Sí señor, todo —dijo gravemente el camarero—. ¿Le ayudo al señor a vestirse?

—¡Pse! Sí: écheme eso encima —dijo Syme impaciente.

Pero, aunque fingía el mayor desdén por la mascarada, sentía a medida que se iba metiendo en el traje azul y oro, una libertad, una naturalidad mayores en sus movimientos. Y cuando vio que el traje implicaba también una espada, sintió renacer el eterno sueño infantil: ¡llevar una espada al cinto! Al salir del cuarto, se echó el embozo sobre el hombro. La espada sobresalía formando un ángulo. Syme tenía toda la arrogancia del trovador. Y es que aquel disfraz no lo disfrazaba: lo revelaba.

CAPÍTULO XV

EL ACUSADOR

Al pasar por el corredor, Syme vio al Secretario en lo alto de una gran escalera. Nunca lo había encontrado tan noble. Estaba vestido de noche negra y sin estrellas, y por el centro caía una banda o ancha zona de un blanco purísimo, como un solo rayo de luz. El conjunto tenía aire de traje eclesiástico muy severo. Syme no tuvo que esforzarse para recordar que, en la Biblia, el primer día de la creación la luz fue extraída de la sombra. El traje bastaba para sugerir el símbolo; y Syme sintió también que aquel contraste de negro y blanco expresaban el alma pálida y austera del Secretario, llena de cruel veracidad y extraño frenesí, cosas ambas que le permitían tan fácilmente combatir a los anarquistas como confundirse con ellos. No le llamó la atención a Syme que, en medio de aquella hospitalidad y confort, los ojos del Secretario conservaran su severidad. Ni el olor de la cerveza ni el perfume de los jardines podían impedir que el Secretario propusiera al mundo sus interrogaciones razonables.

Si Syme hubiera podido verse a sí mismo, hubiera apreciado hasta qué punto él también parecía existir por primera vez plenamente. Si el Secretario era el filósofo de la luz uniforme, de la luz primera, Syme era el poeta que busca la luz modelada en formas, en sol y en estrellas. El filósofo ama, a veces, lo infinito; el poeta ama siempre lo finito. Para éste el gran día del universo no lo es tanto el de la creación de la luz, como el de la creación del sol y la luna.

Bajaron juntos la escalera. Se encontraron con Ratcliffe, vestido de verde primaveral, como cazador: sus armas consistían en un grupo de árboles enlazados. Era el tercer día: el de la creación de la tierra y las cosas verdes. Su cara franca y sensible, con su expresión de amable cinismo, casaba muy bien con el traje.

Pasando por una puerta baja y ancha, los condujeron a un vasto y antiguo jardín inglés lleno de antorchas y fogatas. A su trémula luz, vestida con trajes abigarrados, bailaba la turba carnavalesca. Syme descubrió en los trajes de fantasía una imitación de todas las formas de la naturaleza. Había un hombre vestido de elefante, otro vestido de globo. Estos dos últimos, juntos, parecían continuar el hilo de las aventuras anteriores. También vio Syme con horror a un danzante disfrazado de enorme cálao, con un pico dos veces mayor que su cuerpo: el pájaro cuyo recuerdo le acosaba desde la interrogación desde el episodio del jardín zoológico. Había mil objetos más: un farol danzante, un árbol danzante, un barco danzante. Se dijera que la música irresistible de algún músico loco obligaba a danzar a todos los objetos del campo y de la calle en una perenne zarabanda. Años más tarde, cuando Syme llegó a la edad madura, no podía ver faroles, árboles o molinos de viento, sin pensar que eran unos trasnochadores que volvían de la mascarada.

Junto al prado donde se desarrollaba la danza, había una extensión verde, una de esas terrazas que se ven en los antiguos jardines.

Allí, en forma de creciente luna, había siete sillones: los tronos de los siete días. Ya Gogol y el Dr. Bull estaban en su sitio. El Profesor se acercaba. Gogol, el Martes, llevaba un traje simbólico en su sencillez, que representaba la división de las aguas; un traje que se abría en la frente y caía hasta sus pies, argentado y gris como una caída de agua. El Profesor, a quien tocaba el día en que fueron creados pájaros y peces, formas las más elementales de la vida, llevaba un traje púrpura oscuro, sobre el cual se veían los pescados de ojos saltones y los caprichosos pájaros tropicales, mezcla de insondable fantasía y de duda. El Dr. Bull, último día de la creación, estaba cubierto de animales heráldicos en rojo y oro, y en lo alto de su cabeza, como cresta, aparecía un hombre rampante. Se dejó caer en su sillón con una sonrisa sin mancha; imagen del optimismo que era su elemento.

Uno por uno los peregrinos subieron a la verde terraza y ocuparon sus tronos. A cada uno que se sentaba, la carnavalesca multitud lanzaba un clamor como el del pueblo, que saluda a su rey. Chocaban las copas, agitaban las antorchas, lanzaban al aire los sombreros emplumados. Los hombres, a quienes aquellos tronos estaban destinados, llevaban una corona de laurel. Pero el sillón central estaba vacío.

Syme quedaba a la izquierda del sillón central, el Secretario a la derecha. Éste, dirigiéndose a Syme, dijo con apretados labios:

—Aún no averiguamos si habrá quedado muerto en el campo.

Acababa de oír Syme estas palabras, cuando vio en las caras de los hombres que lo rodeaban una alteración sublime y temerosa a la vez, como si el cielo se abriera sobre su cabeza. El Domingo había pasado silencioso como una sombra y se había sentado en el trono central. Llevaba un traje sencillo, de terrible y absoluta blancura, y sobre su frente, los cabellos eran una llamarada de plata.

Por mucho tiempo, tal vez durante varias horas, aquella gran mascarada que parecía representar a la humanidad estuvo desfilando y danzando frente a ellos al son de una música arrebatadora y gozosa. Cada pareja parecía una novela aparte; a veces aparecía un hada bailando con un bufón, y a veces una campesina trabada con la luna; pero siempre alguna cosa tan absurda, como la historia de *Alicia en el País de las Maravillas,* y siempre tan grave y emocionante como una historia de amor.

Poco a poco la multitud se fue dispersando. Las parejas se perdieron por las avenidas del jardín o se encaminaron hacia el fondo del edificio, donde se veían humear, en cubas enormes como peceras, unas mezclas hirvientes y perfumadas de cerveza vieja y vino añejo.

Arriba, en un armazón negro que había sobre el techo, una gran fogata rugía presa en su taza de hierro, iluminando una distancia de varias millas. Alargaba sus reflejos de hogar doméstico hasta los inmensos bosques grises y oscuros, y parecían llenar de calor las soledades de la alta noche. Pero también este fuego se fue apagando poco a poco. Los grupos rodeaban las inmensas calderas, o se perdían riendo y charlando por los interiores de la mansión. Poco a poco fueron quedando diez, cuatro. Finalmente, el último danzante extraviado corrió hacia la casa, gritando a sus compañeros que lo esperaran. El fuego se apagaba. Las estrellas iban saliendo, lentas y claras. Los siete personajes se quedaron solos como siete estatuas de piedra en sus sitiales de piedra. Ninguno había hablado una palabra. Tampoco necesitaban hablar. Se escuchaba el zumbido de los insectos y el trino lejano de un pájaro.

Al fin el Domingo empezó a hablar. Pero era su voz tan somnolienta que, más que empezar una conversación, se diría que la continuaba con cansancio.

—Ya comeremos y beberemos más tarde —dijo—. Permanezcamos juntos un rato, ya que nos hemos amado tan dolorosamente y tanto nos hemos combatido. Creo recordar los siglos de la guerra heroica en que fuisteis héroes todos vosotros; epopeya tras epopeya, iliada tras iliada, fuisteis siempre compañeros de armas. Ora sea recientemente, ora sea el principio de los días (porque el tiempo no es nada) recuerdo que os envié a la guerra. Yo me senté en las tinieblas, donde no hay cosa creada, y fui para vosotros como una voz que ordena tener valor y exige sobrenaturales virtudes. Y oísteis la voz de las tinieblas, y nunca la volvisteis a oír. El sol la negaba en el firmamento, la tierra y el cielo la negaban, toda humana sabiduría también la negaba. Y al encontrarme con vosotros a la luz del día, yo mismo la negué.

Syme se estremecía en su sitial. Pero todo permaneció callado; y el incomprensible continuó:

—Pero erais hombres. Guardásteis el secreto de vuestro honor, aun cuando el cosmos entero se convirtió en máquina de tortura para arrancároslo. Sé que anduvisteis muy cerca del infierno. Sé que tú, Jueves, cruzaste tu acero con el Rey Satanás y que tú, Miércoles, me nombraste a la hora de la desesperación.

Hubo un completo silencio en el jardín iluminado por las estrellas radiantes. Después el cejinegro Secretario, implacable, volvióse hacia el Domingo, y dijo desde su sitial con voz ronca:

—¿Quién eres? ¿Qué eres?

—Yo soy el Sabbath: yo soy la paz de Dios. El Secretario se puso de pie y, estrujando su precioso traje con las manos.

—Te entiendo —exclamó—, por eso no puedo perdonarte. Eres el contento, el optimismo, la reconciliación final. Y yo no estoy reconciliado. Si eres el hombre del cuarto oscuro ¿por qué también eres el Domingo, ofensa de la luz del día? Si comenzaste por ser nuestro amigo y nuestro padre ¿por qué, después nuestro mayor enemigo? Tuvimos que llorar, tuvimos que huir aterrorizados. El hierro penetró en nuestras almas: ¡Y tú eres la paz de Dios! ¡Oh, yo puedo perdonarle a Dios Su ira, aunque destruya las naciones: pero no puedo perdonarle Su paz!

Nada contestó el Domingo, y sólo volvió con lentitud su cara hacia Syme, como interrogándolo.

—No —dijo Syme—; yo no estoy tan indignado. Yo te agradezco, no sólo el vino y la hospitalidad que me has dado, sino mis hermosas aventuras y radiosos combates. Pero te quisiera conocer. Mi alma y mi corazón se sienten tan dichosos y quietos como este dorado jardín, pero mi razón está llorando: yo quisiera conocer, yo quiero conocer...

El Domingo volvió la mirada hacia Ratcliffe, que dijo así con clara voz:

—¡Me parece tan insensato que hayas estado en los dos bandos y te hayas combatido a ti mismo! Y dijo Bull:

—Ye no entiendo nada, pero soy feliz y siento que el sueño empieza a dominarme.

—Yo no soy feliz —dijo el Profesor hundiendo la frente en las manos— porque no comprendo. Me has obligado a acercarme demasiado al infierno.

Y Gogol con la sencillez de un niño exclamó:

—Yo quisiera saber por qué me han maltratado tanto.

Nada contestó a esto el Domingo. Apoyó la poderosa barba en la mano y se quedó contemplando la lejanía. Al fin habló así:

—He oído vuestras quejas por su orden. He aquí que se acerca otro a quejarse; es justo, que también lo escuchemos. El fuego moribundo del gran crisol lanzó en ese instante su último reflejo, fingiendo una vara de oro fundido que atravesara las tinieblas. A esta luz, se dibujó en negro la silueta de un hombre que se acercaba a grandes pasos. Parecía vestido con un hermoso traje y calzón corto como los criados de la casa. Pero su traje no era azul, sino completamente negro. También llevaba al cinto una espada. Cuando se acercó al semicírculo y alzó la cara para ver a los otros. Syme, con nítida claridad de rayo, descubrió que aquella era la cara tosca, casi simiesca, de su antiguo amigo Gregory, con sus hirsutos cabellos rojos y su ofensiva sonrisa.

—¡Gregory! —jadeó Syme incorporándose en el sitial—. He aquí, pues, al verdadero anarquista.

—Sí —dijo Gregory amenazador y concentrado—. Yo soy el verdadero anarquista.

—Y llegó el día —murmuró Bull que parecía estar ya dormido— en que los hijos de Dios vinieron ante el señor, y también Satán compareció entre ellos.

—Es verdad —dijo Gregory mirando en torno—, soy un destructor. Yo, si pudiera, destruiría el mundo.

Un sentimiento patético pareció estremecer a Syme, comunicándosele desde el fondo de la tierra, y dijo así incoherente y conmovido:

—¡Oh, tú el más desdichado de los hombres! ¡Intentas ser feliz! Tienes los cabellos rojos como tu hermana.

—Mis cabellos rojos, como rojas llamas, han de incendiar al mundo —contestó Gregory—. Yo creía odiar todas las cosas más de lo que cualquier hombre puede odiar una sola cosa; y ahora descubro que nada me es más odioso que tú.

—Yo nunca te he odiado —dijo Syme con amargura. Y entonces aquella ininteligible criatura lanzó sus últimos clamores:

—¡Tú! ¡Tú nunca has odiado porque tú nunca has vivido! Os conozco a todos, desde el primero hasta el último: sois los poderosos, sois la policía; los hombres gordos y risueños vestidos de azul con botones dorados. Sois la Ley, y nunca habéis sido derrotados. Pero ¿hay acaso un alma viviente que no anhele quebrantaros, aunque sólo sea porqué nunca fuisteis quebrantados? Nosotros, los sublevados, disparatamos frecuentemente sobre este y el otro crimen del gobierno. ¡Gran disparate! El único y magno crimen del gobierno está en el hecho de que gobierne. El pecado imperdonable del poder supremo está en que es supremo. No maldigo vuestra crueldad. No maldigo (aunque bien pudiera) vuestra bondad. Maldigo vuestra seguridad. Estáis en vuestro sitial de piedra instalados de una vez para siempre. Sois los siete ángeles del cielo que no sufren nunca. ¡Ay! Yo podría perdonaros todo, oh gobernantes de la especie humana, si supiera que una sola vez, una sola hora habéis padecido la agonía en que yo me consumo...

Syme saltó aquí de su sitial, temblando de pies a cabeza.

—Lo veo todo —gritó—. Ya entiendo todo lo que pasa. ¿Por qué han de pelear entre sí todas las cosas de la tierra? ¿Por qué cada cosa insignificante se ha de sublevar contra el mundo? ¿Por qué quiere combatir la mosca al universo? ¿Por qué la florcita dorada ha de combatir al universo? Por la misma razón que me obligó a estar solo en el temeroso Consejo de los Días. Para que todo lo que obedece a una ley merezca la gloria y el aislamiento del anarquista. Para que todo el que lucha por el orden sea tan bravo, sea tan honrado como el dinamitero. Para que la mentira de Satanás caiga sobre la cara de este blasfemo, y a través de la tortura y las lágrimas, ganemos el derecho de contestarle a este hombre: ¡mientes! Todas las agonías son pocas para adquirir el derecho de decirle al acusado: ¡nosotros también hemos sufrido!

"No es cierto que nunca nos hayan quebrantado, al contrario: hasta nos han descoyuntado en la rueda del tormento. No es cierto que nunca hayamos bajado de estos tronos: hemos descendido a los infiernos. Cuando este insolente compareció para acusarnos por ser felices, estábamos lamentándonos de dolores inolvidables. Rechazo la calumnia: no hemos sido felices. Puedo responder por todos y cada uno de los Grandes Guardianes de la Ley a quienes éste acusa. Al menos...

Y, al llegar aquí, volvió los ojos al Domingo en cuya ancha cara se dibujaba una extraña sonrisa.

—¿Y tú? —gritó Syme con voz espantosa— ¿Has sufrido tú alguna vez?

Y, a sus ojos, aquella cara pareció dilatarse de un modo increíble; agigantarse más que la máscara colosal de Memnón que, de niño, había hecho llorar de miedo a Syme. Aquella cara se hinchó por instantes, hasta llenar todo el cielo; después, todo se oscureció. Y en medio de la oscuridad, antes de que la oscuridad aniquilara su espíritu, Syme creyó oír una voz distante que repetía aquel lugar común que alguna otra vez había oído, quién sabe dónde:

"¿Podréis beber en la copa en que yo bebo?"

Cuando, en las novelas, los hombres despiertan dé un sueño, vuelven a encontrarse generalmente en el sitio en que se habían quedado dormidos; bostezan en su sillón, o, si es en el campo, se levantan con todo el cuerpo molido. El caso de Syme fue mucho más extraño psicológicamente, concediendo que, en el sentido habitual de la palabra, no hubiera nada de real en las cosas que le habían sucedido. En efecto; más tarde pudo recordar claramente que había perdido el conocimiento ante la metamorfosis de la cara del Domingo, pero nunca pudo recordar cómo ni cuándo volvió en sí. Apenas logró darse cuenta, y esto poco a poco, de que andaba paseando por una calleja de barrio con un compañero de agradable conversación. Este compañero formaba parte de su drama reciente: era Gregory, el poeta de los cabellos rojos. Caminaban como viejos amigos, y estaban hablando de cualquier bagatela. Pero Syme sentía en sus miembros un vigor sobrenatural, y en su mente una nitidez cristalina que parecían superiores a lo que en aquel instante hablaba o hacía. Sentía como si fuera portador de alguna buena noticia casi increíble, junto a la cual todas las demás cosas resultaban meras trivialidades, aunque encantadoras trivialidades.

El alba comenzaba a romper en claros y tímidos colores; la naturaleza arriesgaba un primer intento de luz amarilla, y manteniendo a la vez su último intento de luz rosa. Soplaba una brisa limpia y suave, que no parecía venir del cielo, sino de alguna ventana abierta en el cielo. Y Syme se sorprendió un poco cuando, a uno y otro lado de la calle, reconoció los edificios rojos e irregulares de Saffron Park. No se figuraba estar tan cerca de Londres. Instintivamente, se internó por una calle blanca donde los pájaros madrugadores trinaban y saltaban, y se encontró frente a la reja de un jardín. Allí vio a la hermana de Gregory, la muchacha de la cabellera roja y dorada, que se entretenía en cortar lilas, mientras llegaba la hora del almuerzo, con esa inconsciente gravedad que suelen tener las muchachas.

www.ingramcontent.com/pod-product-compliance
Lightning Source LLC
Chambersburg PA
CBHW060220030125
19821CB00006B/287